福建省
工会劳动法律监督员
培训教程

福建省总工会 编著

中国工人出版社

图书在版编目（CIP）数据

福建省工会劳动法律监督员培训教程 / 福建省总工会编著.—北京：中国工人出版社，2021.2

ISBN 978-7-5008-7619-9

Ⅰ. ①福… Ⅱ. ①福… Ⅲ. ①劳动法—法律监督—中国—教材
Ⅳ. ①D922.5

中国版本图书馆CIP数据核字（2021）第025958号

福建省工会劳动法律监督员培训教程

出 版 人	王娇萍
责任编辑	罗荣波
责任印制	栾征宇
出版发行	中国工人出版社
地　　址	北京市东城区鼓楼外大街45号　邮编：100120
网　　址	http://www.wp-china.com
电　　话	（010）62005043（总编室）（010）62005039（印制管理中心） （010）82075935（工会与劳动关系分社）
发行热线	（010）62005996　82029051
经　　销	各地书店
印　　刷	三河市东方印刷有限公司
开　　本	710毫米×1000毫米　1/16
印　　张	16.5
字　　数	240千字
版　　次	2021年5月第1版　2021年11月第2次印刷
定　　价	48.00元

福建省工会劳动法律监督员培训教程
编写委员会

主　　任：丁文清
副 主 任：张彩珍
主　　编：聂裔光
副 主 编：林　玲
执行主编：胡玉浪
编委会成员：纪荣凯　江　云　叶坚剑
林美铃　曾一洲　张雅雅

前　言

为深入贯彻实施《福建省工会劳动法律监督条例》，帮助各级工会组织和广大工会干部更好地开展工会劳动法律监督工作，更有效地维护职工合法权益，福建省总工会组织专门力量编写了《福建省工会劳动法律监督员培训教程》。

本书共分六章，分别是工会劳动法律监督概述，工会劳动法律监督组织，工会劳动法律监督的类型、方式与程序，工会劳动法律监督的内容，工会劳动法律监督的法律保障，工会劳动法律监督的法律责任。工会劳动法律监督组织和监督方式部分，总结提炼了福建工会20多年来开展劳动法律监督实践中积累的行之有效的经验和做法，在制度上有一定的创新，具有较强的可操作性。

本书借鉴了中国现行劳动和社会保障领域的立法、司法成果及相关文献资料，在追求一定理论水准的基础上，更加注重实用性，既可以作为各级工会劳动法律监督员培训教材，也可以作为工会权益保障干部的工具书，还可以作为工会青年干部学习工会业务知识的入门读物。

福建农林大学教授胡玉浪，福建省总工会纪荣凯、江云、叶坚剑、刘青、曾一洲，福建省总工会干部学校林美铃、张雅雅参与本书撰写。省总工会张智强、蔡含章、张涵忠参与书稿的编务工作。

由于编者水平所限，本书难免存在一些不足，敬请读者批评指正。

编　者

2021年5月

目录 CONTENTS

第一章

工会劳动法律监督概述

工会劳动法律监督是各级工会依法对用人单位执行劳动法律法规的情况进行的有组织的群众性监督，是我国劳动法律监督的重要组成部分，是法律赋予工会的一项重要权力和职责，也是工会依法维护职工合法权益的重要手段和方式。工会组织要切实履行监督职能，推进劳动法律法规政策的落实，预防和纠正用人单位侵犯劳动者合法权益的行为，积极构建和发展和谐稳定的劳动关系，在全面推进依法治国过程中发挥工会应有的作用。

一、工会劳动法律监督的立法沿革

1950 年 6 月公布的《工会法》规定了工会应监督企业用工情况。1985 年，中华全国总工会颁发了《工会劳动保护监督检查员暂行条例》《基层工会劳动保护监督检查委员会工作条例》《工会小组劳动保护检查员工作条例》。1997 年和 2001 年，中华全国总工会先后对三个《条例》做了两次修改。1995 年，中华全国总工会根据《劳动法》和《工会法》的有关规定，制定《工会劳动法律监督试行办法》。2021 年，中华全国总工会出台《工会劳动法律监督办法》，就工会开展劳动法律监督工作作出具体的规定。近年来，广东、江苏、浙江、云南、江西、福建、合肥、南昌、杭州等省、市相继制定了工会劳动法律监督条例。

二、工会劳动法律监督的相关概念

（一）工会劳动法律监督的含义

法律监督有广义、狭义两种理解。狭义的法律监督是指国家检察机关依照法定职权和程序，对立法、执法和司法活动的合法性进行的监察和督促。广义的法律监督是指由所有的国家机关、社会组织和人民群众对各种法律活动的合法性进行的监察和督促。法律监督从过程看，既有立法监督，也有执法监督；从监督主体看，既有行政机关的监督，也有司法机关的监督，还有更广泛的社会监督。在社会监督中，既有新闻媒体的监督，也有社会组织的监督；既有群体的监督，也有个人的监督。

工会劳动法律监督是我国法律监督体系的重要组成部分。推动工会劳动法律监督工作，是维护职工合法权益的重要举措，也是全面推进法治社会建设的重要内容。从广义上讲，工会劳动法律监督是各级工会依法对劳动法律法规的执行情况进行的有组织的群众监督，是我国劳动法律监督体系的重要组成部分。从狭义上讲，工会劳动法律监督是工会依法对用人单位遵守劳动法律法规、维护职工合法权益情况实施的有组织的群众性监督。本书采用狭义上的工会劳动法律监督概念。

（二）工会劳动法律监督的特点

法律监督是法律实施的重要保障。工会劳动法律监督除了具有一般法律监督的本质特征外，还具有如下特点：

1. 基础广泛

工会是党领导的职工自愿结合的工人阶级群众组织。职工群众工作在生产一线，对生产一线的情况最熟悉，感受最深刻，对劳动法律法规的实施情况最有发言权。工会组织覆盖面广，扎根基层，依靠群众，做好工会劳动法律监督工作，容易及时发现企业的违法行为，将劳动关系隐患化解在基层，消灭在萌芽状态。

2. 内容全面

根据《福建省工会劳动法律监督条例》第十八条规定，工会劳动法律监督的主要事项有：用人单位涉及职工利益的劳动规章制度的制定、修改、执行情况；工资集体协商和集体合同制度的建立和执行情况；劳动合同的订立、履行、变更、解除和终止情况；劳动报酬分配、调整、支付和社会保险、福利待遇的落实情况；工作时间、休息和休假制度的执行情况；安全生产、职业病防治等劳动安全卫生的执行情况；女职工、未成年工和残疾职工特殊权益保护的情况；职工教育培训及其经费提取、使用的情况；劳务派遣单位和用工单位遵守劳动法律法规、保障被派遣人员合法权益的情况；职工代表大会制度的建立和落实情况；法律法规规定的其他情况。以上内容涉及劳动生产领域、劳动关系以及职工合法权益的方方面面。

3. 方式多样

工会通过多种形式和渠道进行劳动法律监督是法律赋予的职责，也是对工会组织参与监督工作的高度概括和总结，工会开展劳动法律监督主要有以下方式与程序：监督检查、举报投诉受理、调查取证、情况报告、督促整改落实、支持帮助、新闻媒体监督等。

三、工会劳动法律监督的法律依据

在我国，工会不是执法机关，但是工会开展劳动法律监督有明确的法律根据。主要是：《劳动法》第八十八条，《劳动合同法》第七十八条，《社会保险法》第九条，《安全生产法》第七条，《职业病防治法》第四条、第四十条等，这些法律法规规定了工会对用人单位遵守劳动法律法规、履行劳动合同和集体合同、加强职工社会保险权益保护、做好安全生产和职业病防治工作等进行监督，维护劳动者的合法权益。

此外，我国《工会法》从多个侧面规定了工会的监督权。特别是第三章中针对企业违反劳动法律法规规定、侵犯职工劳动权益的不同情形，规定了工会应当采取的具体监督措施，包括代表职工与企业、事业单位交涉，要求企业、事业单位采取措施予以改正，请求当地人民政府依法作出处理等。

四、工会劳动法律监督的原则和体系

（一）工会劳动法律监督的原则

工会劳动法律监督的原则，是工会开展劳动法律监督工作的活动准则。《福建省工会劳动法律监督条例》第三条规定：工会劳动法律监督应当遵循依法监督、客观公正、协商协调、依靠群众的原则。

1. 依法监督

我国《宪法》确立了工人阶级的领导地位，《工会法》《劳动法》等法律明确了劳动者和工会组织的权利义务。工会作为职工合法权益的代表者和维护者，必须以《宪法》和有关法律为活动准则，遵守《宪法》和有关法律的规定，提高依法监督和维权能力，在法定权限范围内，依照法定程序开展劳动法律监督工作。

2. 客观公正

工会在开展劳动法律监督过程中，要尊重事实和法律，依法独立行使职权，既监督用人单位贯彻实施劳动法律法规的情况，保护劳动者的合法权益，也应当支持用人单位依法开展生产经营和管理活动，教育引导职工合法有序表达利益诉求。

3. 协商协调

工会劳动法律监督的主要目的在于预防劳动争议，化解矛盾。工会在开展劳动法律监督过程中，要更多地运用协商协调的方式，通过坦诚沟通谋求共识、化解纷争，尽可能把劳动纠纷消除在萌芽状态。

4. 依靠群众

职工是工会工作的根基，维护职工合法权益、竭诚服务职工群众是工会的基本职责。工会开展劳动法律监督必须坚持群众路线，深入基层，深入一线，深入职工，充分发挥工会群众化、民主化优势，通过民主方式汇集和表达职工意愿，推动并完善法律体系，监督法律贯彻实施，保障工会劳动法律监督工作行之有效、落到实处。

（二）工会劳动法律监督的体系

1. 工会劳动法律监督的结构体系

《福建省工会劳动法律监督条例》对监督主体的制度设计分为三个层次：地方总工会负责组织、指导、协调和实施本行政区域内的工会劳动法律监督；行业工会负责指导、协调和实施本行业的工会劳动法律监督；基层工会负责实施所辖范围内的工会劳动法律监督。从实践看，针对用人单位遵守劳动法律法规的情况，各级工会组织都有权进行监督，但常态性的大量监督工作是由基层工会进行的。

2. 工会劳动法律监督的支持体系

工会劳动法律监督是一种有组织的群众性监督，受工会组织法律性质的限制，工会劳动法律监督需要与其他部门密切协作、相互支持。

（1）政府相关部门配合与支持体系。

县级以上地方人民政府应当完善政府与同级地方总工会联席会议制度，加强劳动保障监察工作，支持工会依法实施工会劳动法律监督；县级以上地方人民政府制定涉及职工劳动权益的重大政策，研究涉及职工劳动权益的重大问题，开展劳动保障监察工作时，应当听取同级地方总工会的意见；对用人单位遵守劳动法律法规情况进行专项检查时，应当邀请同级地方总工会参加。县级以上地方人民政府人力资源和社会保障部门会同地方总工会以及企业与企业家联合会、工商业联合会等企业方面代表组织，建立健全协调劳动关系三方机制，共同研究解决工会劳动法律监督等方面重大问题，组织开展专题调研督查。

（2）监督资源与信息共享体系。

县级以上地方人民政府人力资源和社会保障、安全生产监督管理、公安、司法行政、卫生和计划生育、民政、市场监督管理、住房和城乡建设等部门，应当与同级地方总工会就劳动法律法规实施情况相互通报，定期会商，实现劳动领域监督工作情况的资源共享。县级以上地方人民政府人力资源和社会保障部门应当将劳动法律监督信息纳入政府网络平台，与地方总工会实现劳动争议调解、仲裁、劳动保障行政处罚等信息的互联互通共享。

（3）新闻舆论监督与支持体系。

新闻媒体应当宣传与工会劳动法律监督相关的法律法规及其实施情况，加强对侵犯职工合法权益行为的舆论监督，完善重大典型劳动违法案件曝光、公开谴责和处置情况通报制度。

五、工会劳动法律监督与劳动保障监察的关系

劳动保障监察（或称为劳动监察），是指劳动保障行政部门及所属劳动保障监察机构依法对用人单位以及劳动中介单位遵守劳动保障法律法规情况进行监察，并对违法行为进行行政处理或行政处罚的行政执法活动。

劳动监察作为专门行政机关保障劳动者权益而实施的一种强制性手段，为世界各国广泛采用。1993 年，原劳动部发布了《劳动监察规定》，标志着我国开始建立劳动监察制度。1994 年颁布的《劳动法》对劳动监督监察的机构、人员、职责以及形式、程序等作出原则规定。2004 年 11 月 1 日，国务院发布《劳动保障监察条例》，标志着我国劳动保障监察工作进入了一个新的发展时期。

劳动保障监察和工会劳动法律监督都是我国劳动保障法律监督体系的重要组成部分。在贯彻实施劳动保障法律法规的工作中，劳动保障行政部门和工会组织要认真履行各自的职责，同时要按照相互支持、相互协调、密切配合的原则，逐步建立相关的工作制度，形成优势互补的工作格局，推进劳动保障法律监督制度建设和工作开展。

（一）工会劳动法律监督与劳动保障监察的共同点

1. 监督目的相同

两者都是为了将现行劳动法律法规规章和规范性文件中涉及劳动者合法权益的各项规定落实到位，维护劳动关系的和谐稳定。

2. 监督内容基本相同

工会劳动法律监督和劳动保障监察的内容都涉及用人单位规章制度的制定修改与执行情况、劳动合同的订立与履行、工资、工作时间与休息休假、安全生产、女职工和未成年工特殊劳动保护、职业病防治、社会保险、劳务派遣等。

（二）工会劳动法律监督与劳动保障监察的不同点

1. 主体不同

工会劳动法律监督是工会组织根据自身的职能和特点，对用人单位贯彻执行劳动法律法规情况所进行的监督；劳动保障监察是各级人民政府根据法律规定，对用人单位贯彻执行有关劳动法律法规的情况进行监督，包括对用人单位的违法行为进行行政处罚等。

2. 性质不同

工会劳动法律监督具有社会监督、群众监督的属性，不具有强制力；

劳动保障监察属于国家监督体系的重要组成部分，劳动保障监察部门拥有调查权、检查权、行政处罚权，具有权威性和强制性。

3. 监督方式不同

福建工会开展劳动法律监督，主要通过“一函两书”的方式，即向用人单位发出《工会劳动法律监督提示函》《工会劳动法律监督意见书》，突出协商解决，凸显了化解劳动纠纷的柔性特色。当用人单位收到《意见书》未在规定期限内答复，或者无正当理由拒不改正的，由地方总工会向同级人民政府人力资源和社会保障等有关部门发出《工会劳动法律监督建议书》，并通过移交材料要求处理等方式，维护劳动者的合法权益。劳动保障监察是国家公权力直接介入劳动关系的具体行政行为，可以直接责令用人单位停止违法行为，并可以作出具体的行政处罚。

4. 监督重点不同

劳动保障监察侧重于事后的维权，是劳动保障监察部门接到职工举报投诉之后的被动服务。工会劳动法律监督侧重于事前的防范，是工会组织依法维护职工权益最直接、最有效的手段。工会特别是基层工会，发挥主动引导作用，能够在劳动关系矛盾纠纷发生之前，及时地发现和化解纠纷，减少维权成本。

（三）工会劳动法律监督与劳动保障监察的关系

1. 工作互助

工会劳动法律监督与劳动保障监察有联系也有区别，有分工也有协作，两者都是劳动者维权体系的重要组成部分，共同致力于推进劳动法律法规的贯彻落实，维护劳动者的合法权益。工会要发挥自身优势，做好劳动法律监督工作，特别是对行政机关不易监察的领域和对象进行监督。政府劳动保障行政部门对工会依法行使劳动法律监督权要给予积极支持，对于工会劳动法律监督中发现的违法行为要严肃查处，以维护法律权威和劳动者的合法权益。劳动保障监察部门在劳动保障监察工作中应当注意听取工会组织的意见和建议，对用人单位遵守劳动法律法规情况进行专项检查时，应当邀请同级地方总工会参加。

工会和政府劳动保障监察部门还要加强信息沟通和工作协调，定期召开联席会议或工作例会，通报工作情况，分析研究劳动法律法规贯彻实施中存在的问题，提出加强劳动法律监督工作的意见和具体措施。做好信息的收集、分析和统计工作，加强信息交流，尤其要做好重大事件和重要信息的通报工作，避免对企业不必要的重复监督。

2. 人员互聘

根据工作需要，县级以上劳动保障行政部门可以从工会工作人员中聘任劳动保障法律监督员，工会组织也可以从政府劳动保障监察部门聘请工会劳动法律监督员，以便更好地开展工作。

附 | 本章重点条文

《工会法》第三章

《中国工会章程》第十五条

《劳动法》第八十八条

《劳动合同法》第七十八条

《社会保险法》第九条

《安全生产法》第七条

《职业病防治法》第四条、第四十条

《劳动保障监察条例》第十一条

《福建省工会劳动法律监督条例》第三条、第四条、第五条、第六条、第七条、第九条、第十八条、第十九条

第二章

工会劳动法律监督组织

各级工会均有权开展劳动法律监督工作。工会劳动法律监督委员会是各级工会成立的专门从事劳动法律监督的工作机构，工会劳动法律监督员是开展工会劳动法律监督工作的人员。工会要切实有效地发挥劳动法律监督作用，必须注意加强劳动法律监督组织建设和队伍建设，完善劳动法律监督工作机制。在具体工作中，工会劳动法律监督委员会和监督员必须树立法治思维，运用法治方式，认真履行职责，维护职工权益，协调劳动关系，促进社会稳定，在工会劳动法律监督活动中发挥积极作用。

一、工会劳动法律监督委员会

（一）组织体系

工会劳动法律监督委员会实行分级设立、双重领导的管理体系。地方总工会、行业工会、基层工会设立工会劳动法律监督委员会，在本级工会的领导和上级工会劳动法律监督委员会的业务指导下，具体实施工会劳动法律监督。各级工会劳动法律监督委员会应当将工作情况、违法案件的处理结果及统计资料定期向上级工会劳动法律监督委员会报告。重大案件应当及时向上级工会劳动法律监督委员会和政府劳动保障监察部门报告。

1. 地方总工会劳动法律监督委员会

县级以上地方总工会应当成立工会劳动法律监督委员会。福建省总工会劳动法律监督委员会负责指导和支持全省工会开展劳动法律监督工作；设区的市、县（市、区）总工会劳动法律监督委员会负责组织和指导本辖区工会劳动法律监督工作。

2. 行业工会劳动法律监督委员会

行业工会，亦称行业工会联合会，一般是指按生产同类产品，或具有相同工艺过程，或提供同类劳动服务而划分的经济活动类别企业的联合组成的工会组织，如饮食行业工会、服装行业工会、机械行业工会等。行业工会可以直接在同行业内的企业发展工会会员。行业工会的优势在于：在一个区域内可以覆盖所有的同类企业，解决同类型小企业单独组建工会面临的困难，吸纳更多小企业的职工入会，扩大工会组织的覆盖范围；行业工会还可以集中研究行业内同类企业职工关心的共性问题。近年来，全总高度重视货车司机、快递员、护工护理员、家政服务员、商场信息员、网约送餐员、房产中介员、保安员等群体的权益保障，抓住这些行业加大建会工作力度，同时建立劳动法律监督委员会，应该成为今后在行业工会开展劳动法律监督的一个重要着力点。根据《工会法》第十条规定，同一行业或者性质相近的几个行业，可以根据需要建立全国或者地方产业工会。县级以上产业工会根据工作需要设立工会劳动法律监督委员会，开展本产业的工会劳动法律监督工作。

3. 基层工会劳动法律监督委员会

建立工会委员会的用人单位，应当设立工会劳动法律监督委员会。未单独设立工会委员会的用人单位，可以不设立工会劳动法律监督委员会，但应当推选工会劳动法律监督员，承担本单位的工会劳动法律监督具体工作。

（二）工会劳动法律监督委员会的职责

工会劳动法律监督委员会在本级工会和上级工会劳动法律监督委员会的指导下具体实施劳动法律法规的监督工作。工会劳动法律监督委员会对外能够以自己的名义独立开展活动，但不是一个独立的组织，不能独立承担责任，发生问题时，应由同级工会承担责任。只有同级工会有经过工会法人资格登记，有自己的公章，工会劳动法律监督委员会一般由同级工会代章。

1. 地方总工会劳动法律监督委员会的职责

制订本地区工会劳动法律监督工作计划；培训和考核工会劳动法律监督员；参与相关部门对本辖区内用人单位遵守劳动法律法规情况实施监督，指导行业工会、基层工会的劳动法律监督工作；向用人单位或者提请本级工会向同级人民政府人力资源和社会保障等有关部门发出相关文书；承办本级总工会交办的其他事项。地方总工会劳动法律监督委员会的日常工作由工会有关部门负责。

2. 行业工会劳动法律监督委员会的职责

受本级工会委派，参与行业性劳动用工制度的制定、修改或者重大事项的决定；对本行业遵守劳动法律法规情况实施监督；发生劳动纠纷时，组织、参与用人单位和职工的协商解决；向用人单位发出相关文书。

3. 基层工会劳动法律监督委员会的职责

开展劳动法律法规宣传；受本级工会委派，参与本单位安全生产、劳动报酬、工作时间、休息休假、职业病防治、保险福利、职工培训、劳动纪律等规章制度的制定、修改或者重大事项的决定；对本单位遵守劳动法律法规情况实施监督；接受对所在单位违反劳动法律法规行为的情况反映，进行调查，向同级工会提出处理建议；办理上级工会劳动法律监督组织交办的事项。

（三）工会劳动法律监督委员会的组建

1. 工会劳动法律监督委员会的建立

工会劳动法律监督委员会由同级工会负责组建，一般应以工会正式文件的形式成立。同时，行业和基层工会应结合工会干部“双亮”等制度，对工会劳动法律监督委员会和监督员进行公告。

工会劳动法律监督委员会任期与本级工会任期相同。各级地方总工会和产业（行业）工会委员会每届任期五年，基层工会委员会每届任期三年或者五年。

工会劳动法律监督委员会原则上每年举行一次全体会议，由监督委员会主任或其委托人召集，遇到重大事项可召开临时会议。

2. 工会劳动法律监督委员会的组成

工会劳动法律监督委员会由主任和两名以上监督员组成。主任由工会主席或者副主席担任，监督员从工会会员中推选产生，应当有适当比例的女性。

地方总工会劳动法律监督委员会的组成：监督委员会主任由同级总工会主要领导或者分管法律工作的副主席担任，成员由相关业务部门人员组成，可根据工作需要聘请同级人大代表、政协委员以及专家学者和社会人士等担任特邀监督员。为保证工会劳动法律监督委员会的法律服务水平，县级以上地方总工会劳动法律监督委员会中应有两名以上专兼职律师 。法律专业力量不足的可通过签约律所，购买服务等方式解决专业人员不足的问题。

行业工会劳动法律监督委员会的组成：监督委员会主任由行业工会主席或副主席担任，其他成员应充分考虑行业特点和代表性，从行业所属单位的工会会员中产生。根据需要，可以聘任特邀监督员。

基层工会劳动法律监督委员会的组成：监督委员会主任由工会主席或者副主席担任，成员从本单位工会会员中选任。根据需要，也可以聘任特邀监督员。

二、工会劳动法律监督员

工会劳动法律监督员是经各级工会劳动法律监督委员会聘任，在法定监督范围内对用人单位执行劳动法律法规情况进行监督的人员，是工会履行劳动法律监督职责的具体执行者。工会劳动法律监督员素质的好坏、能力的大小、水平的高低，能否尽职尽责并充分地发挥作用，是工会劳动法律监督职能能否顺利实现的关键。因此，必须加强工会劳动法律监督员的队伍建设，努力建设一支政策水平高、法律法规熟、业务水平精、工作能力强、履职尽责好的专兼职相结合的工会劳动法律监督员队伍。

（一）工会劳动法律监督员的类型

工会劳动法律监督员可分为监督员和特邀监督员。

工会劳动法律监督员是本级工会组织内从事工会劳动法律监督的主要工作人员。工会劳动法律监督委员会成员原则上应成为同级工会劳动法律监督员。工会劳动法律监督委员会聘任的工会劳动法律监督员，应当具备下列条件：熟悉劳动法律法规规章和政策；具有履行职责所需的能力；热爱本职工作，责任心强；热心维护职工合法权益；奉公守法、清正廉洁。

为了加强工会法律监督工作，提高工会劳动法律监督效果，工会劳动法律监督委员会可根据实际需要从人大代表、政协委员、劳动关系领域专家学者、律师和有关社会人士中选聘一定比例的特邀监督员，作为本级工会劳动法律监督委员会成员，优化监督员队伍结构；特邀监督员由各级工会聘任并发放聘书（附件 1），受工会的委托，参与本级工会劳动法律监督委员会相关工作。特邀监督员的任期与本届工会劳动法律监督委员会任期相同，符合条件的，可以连任。

在实践中，工会劳动法律监督的范围比较广泛，涉及的问题比较专业、具体，为做好工会劳动法律监督工作，还需要注意聘请一些具有专业知识的特殊人才。例如在矿山、化工等领域的劳动法律监督工作中，需要注意聘请具有矿山安全、危险品管理等专业知识的人才。

（二）工会劳动法律监督员的职责

工会劳动法律监督员的主要职责是：宣传劳动法律法规、规章政策；对用人单位执行劳动法律法规和规章政策情况开展经常性调查，发现问题及时向工会劳动法律监督委员会报告；接受对用人单位违反劳动法律法规和规章政策行为的举报或者投诉；组织、参与用人单位与职工劳动纠纷的协商解决；受工会劳动法律监督委员会的委派，对用人单位遵守劳动法律法规和规章政策情况进行现场调查，并提出处理意见和建议；教育职工遵守用人单位依法制定的规章制度和履行劳动合同，引导职工合理有序表达诉求，支持用人单位依法开展生产经营和管理活动；承担工会劳动法律监督委员会交办的其他工作。

工会劳动法律监督员应当遵循依法监督、客观公正、平等协商、依靠群众的原则，认真履行监督职责，维护职工合法权益，不得徇私舞弊，不得泄露用人单位商业秘密和职工个人隐私。办理的事项与本人或者其近亲属具有利害关系的，应当自行回避。职工或者用人单位认为工会劳动法律监督员应当回避的，可以向本级或者上级工会提出。职工或者用人单位发现工会劳动法律监督员利用职务便利损害其合法权益的，可以向本级或者上级工会举报投诉，本级工会劳动法律监督委员会难以有效行使职责时，可由上级工会劳动法律监督委员会代为行使职责。

（三）工会劳动法律监督员的管理

各级地方总工会具体负责本辖区内的工会劳动法律监督员管理工作，主要内容是：建立工会劳动法律监督员档案；根据工作需要，适时召开工会劳动法律监督工作会议，研究在实施工会劳动法律监督中发现的重大问题，通报工会劳动法律监督工作的实施情况；组织对工会劳动法律监督员的培训，不断提高他们的政治素质和业务素质；县级以上地方总工会每年要将辖区内的工会劳动法律监督员任职、调整情况报上级总工会相关业务部门备案；对成绩突出的工会劳动法律监督员，按照有关规定给予表彰奖励，对考核不合格或已调离岗位的人员，由所在地方总工会负责收回工会劳动法律监督员证，并注销。

1. 任职培训

拟担任工会劳动法律监督员的人员，由县级以上地方总工会组织培训，成绩合格的，具备申领《工会劳动法律监督员证》的资格。登录省总工会干校的工会劳动法律监督员网络培训课程，完成规定学时，并考试合格的，可视同经过任职培训。

县级以上地方总工会审核工会劳动法律监督委员会的成立文件和监督员任职培训成绩后，发给《工会劳动法律监督员证》，监督员可上岗履职。工会劳动法律监督员在领取《工会劳动法律监督员证》时，应进行宣誓。福建省工会劳动法律监督员誓词如下：

福建省工会劳动法律监督员誓词

我是福建省工会劳动法律监督员，我宣誓：忠于法律，忠于职工，切实履行监督职责，恪守职业道德，维护职工合法权益，支持企业依法经营，为构建和谐劳动关系、促进社会稳定而努力奋斗！

2. 业务培训

各级地方总工会劳动法律监督委员会要分级负责，适时组织对工会劳动法律监督员的培训，不断提高他们开展劳动法律监督、协调劳动关系、维护职工合法权益的能力。要充分利用网络培训资源，鼓励、支持各级工会劳动法律监督员和工会干部通过网络课程学习，提升劳动法律监督业务水平。福建省工会劳动法律监督员网络培训平台设于“闽工干校”App，可通过扫描二维码、直接打开 http：// fjghgx. cn/app. html 或搜索“闽工工校”App 等方式下载安装，登录学习。(详见附录)

3. **考核**

为激励工会劳动法律监督员的积极性，规范监督行为，应当建立与完善工会劳动法律监督员的考核、评价制度。各级地方总工会对工会劳动法律监督员定期进行考核，对成绩突出者，可以按照有关规定给予表彰奖励。对考核不合格或已调离岗位的人员，由所辖地方总工会负责收回证件，并予以注销。对于违反工会劳动法律监督条例规定，损害职工或者用人单位合法权益的，由本级工会责令改正；情节严重的，撤销其工会劳动法律监督员资格，收回《工会劳动法律监督员证》，不得再次担任工会劳动法律监督员。

县级以上地方总工会要定期将辖区内的工会劳动法律监督员任职、调整情况报上级总工会相关业务部门备案。

（四）工会劳动法律监督员证的管理

《工会劳动法律监督员证》由县级以上地方总工会法律工作部门负责发放和管理。工会劳动法律监督员开展现场调查应当由两名以上工会劳动法律监督员进行，并主动出示《工会劳动法律监督员证》(以下简称监督员证)。

(1) 监督员证的印制。监督员证的格式文本，由福建省总工会统一制订，县级以上地方总工会可以根据工作需要，严格按照格式要求进行证书的印制。

(2) 监督员证的发放。县级以上地方总工会负责证书发放。

(3) 监督员证的有效期。证书有效期起始时间为制证当月，有效期与基层工会劳动法律监督委员会的任期一致。

(4) 监督员证的编号。福建省总工会制定了监督员证的编号规则，统一划分各市、县（区）证书编码号段。县级以上地方总工会根据证书编号规则和行政区划，对证书进行编号。新发证书编号优先选取已注销号码进行补录，确保编号连续。任期届满并连任的，换发证书时，可沿用原编号。

（5）监督员证的退回。证书过期，监督员离职、调任或存在不宜继续担任监督员的情形的，监督员应将其证书交还所在工会。各基层工会于年底统一退回发证机关。

（6）监督员证的管理。各级地方总工会应当建立健全证书日常管理台账，实现动态管理，每年底应对台账情况进行审查，将离职、调任或存在不宜继续担任人员的证书予以注销。

附 | 本章重点条文

《福建省工会劳动法律监督条例》第十一条、第十二条、第十四条、第十五条、第十六条

附件 1

聘　书

________同志：

为加强工会劳动法律监督工作，特聘您为______工会劳动法律监督委员会特邀监督员。聘期自______年____月至______年____月。

________工会（章）

______年____月____日

附件 2

工会劳动法律监督组织组建流程图

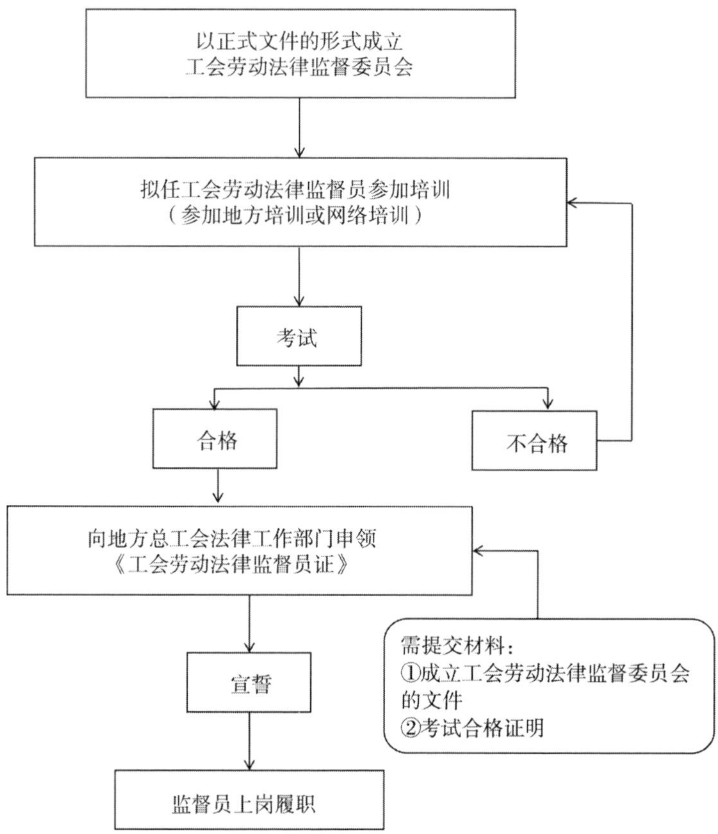

第三章

工会劳动法律监督的类型、方式与程序

法律的生命力在于实施，在法律实施过程中，法律监督起着至关重要的作用，有效的法律监督将使法律实施落到实处，发挥法律之应有目的。1996 年以来，福建省各级工会积极探索、大胆实践，发挥工会劳动法律监督有组织的群众性监督特点，注重将工会劳动法律监督与政府职能部门的执法监督有效衔接，在劳动法律监督工作方面取得许多重要成果，依法维护了职工的合法权益，促进了社会稳定和劳动关系和谐，积累了一些行之有效的方式和程序。2017 年，福建省通过地方立法把工会劳动法律监督工作中好的做法和经验上升为地方性法规，对工会开展劳动法律监督的类型、方式和程序作出明确、具体的规定，解决了工会劳动法律监督手段单一、程序不明确、可操作性不强等问题，对于各级工会做好劳动法律监督工作、维护职工合法权益、构建和谐劳动关系提供了重要的制度保障。

一、工会劳动法律监督的类型

根据《福建省工会劳动法律监督条例》对监督主体的职责划分，福建省工会劳动法律监督主要有“地方总工会劳动法律监督”和“行业工会、基层工会劳动法律监督”两种类型。

（一）地方总工会劳动法律监督

《福建省工会劳动法律监督条例》规定，地方总工会负责组织、指导、协调和实施本行政区域内的工会劳动法律监督。相对于行业工会、基层工会劳动法律监督，地方总工会劳动法律监督在职能上有两大特点：一是负有对辖区内工会劳动法律监督工作进行规划和指导的职能，市、县两级地方总工会法律工作部门要负责对监督员队伍的管理和证书的发放等工作。二是部分监督事项只能由地方总工会实施。如向政府有关部门发放《工会劳动法律监督建议书》及“通过新闻媒体对重大事件及处置情况进行通报”等职能只能由地方总工会履行。地方总工会还应通过开展劳动法律监督，及时排查可能引发劳动争议的矛盾隐患，及时提醒和督促用人单位整改，把矛盾化解在萌芽状态、解决在基层。

（二）行业工会、基层工会劳动法律监督

《福建省工会劳动法律监督条例》规定，行业工会负责指导、协调和实施本行业的工会劳动法律监督。基层工会负责实施所管辖范围内的工会劳动法律监督。实践中，常见的监督工作如受理举报或者投诉、调查取证和组织沟通协商等都是由行业工会、基层工会劳动法律监督组织进行的。夯实行业工会、基层工会劳动法律监督基础意义重大。

（1）把好源头参与关，将工会劳动法律监督贯穿于用人单位涉及职工切身利益的重大事项的确定和调整、劳动合同与集体合同的签订和履行、企业规章制度制定和修改的全过程，及时发出工会的声音，依法从源头上维护好职工的合法权益。

(2) 把好日常监督关，畅通职工诉求表达渠道，及时听取职工的意见和建议，对企业贯彻实施劳动法律法规的情况加强日常监督巡查，发现违法违规行为，及时与企业沟通联系，促进协商解决，或提交上一级工会，通过“上代下”的方式帮助协调解决。

(3) 把好重大事项报告关，发现企业存在违反劳动法律法规的重大事项或重大劳动安全隐患时，当好第一知情人、第一监督人、第一报告人，及时报告上级工会和地方党政部门。

二、工会劳动法律监督的方式

根据《福建省工会劳动法律监督条例》的规定，工会劳动法律监督的方式主要有：受理举报或者投诉；调查取证；协商协调；发放“一函两书”以及其他方式。

（一）受理举报或者投诉

《福建省工会劳动法律监督条例》第二十条规定，任何单位和个人对用人单位违反劳动法律法规的行为，可以向工会劳动法律监督委员会举报或者投诉，工会劳动法律监督委员会应当建立健全举报和投诉制度，公开工作地点、联系人和联系方式等信息。工会劳动法律监督员调查中应当尊重和保护个人信息，保守用人单位商业秘密。

上级工会收到对用人单位违反劳动法律法规行为投诉的，应当及时转交所在用人单位工会受理，所在用人单位工会劳动法律监督委员会应当开展调查，于三十个工作日内将结果反馈职工与上级工会。用人单位工会开展劳动法律监督工作有困难的，上级工会应当及时给予指导帮助。

各级工会劳动法律监督委员会都要各司其职，做好受理举报或者投诉工作，赢得职工的信任，进而维护职工合法权益。基层工会在受理举报或者投诉工作中，要与在企业工会实施的“工会组织亮牌子示职责、工会干部亮身份许承诺”的“双亮”机制有机结合，在显著位置公开监督组织工作地点、联系人和联系方式等信息，让职工能够方便快捷地找到监督组织。地方总工会、行业工会可以通过工会网络平台等方式通告各级监督组织的工作地点、联系人和联系方式，接受对用人单位违反劳动法律法规的举报或者投诉。在受理举报或者投诉时，要与工会信访、“12351 维权热线”等现有受理渠道对接好，避免工作的重复开展。同时地方总工会、行业工会要更多地指导基层工会建立健全举报或者投诉的制度。在受理举报投诉工作中，应注意对实名投诉人个人信息予以保密。

《福建省工会劳动法律监督条例》对工会劳动法律监督组织开展调查取证进行了较为明确的规定，在具体开展劳动法律监督的过程中，各级工会要坚持属地管理与分级负责、谁主管谁负责原则，及时受理举报投诉事项，按要求填写《福建工会劳动法律监督案件登记表》（附件 1），对举报投诉者的姓名、所在单位以及举报投诉的内容、职工的要求等事项进行登记。属于下级工会办理的，应及时转交，并要求反馈办理结果；与用人单位遵守劳动法律法规无关的事项，不属于工会劳动法律监督范围或者已经由行政机关、仲裁机构、人民法院受理的投诉事项，工会劳动法律监督组织不予受理，并于收到举报或者投诉之日起五个工作日内，书面告知实名举报的投诉人。属于其他单位或部门受理范围的，应引导职工到相关单位办理，如有必要，工会还应与有关职能部门协调解决。

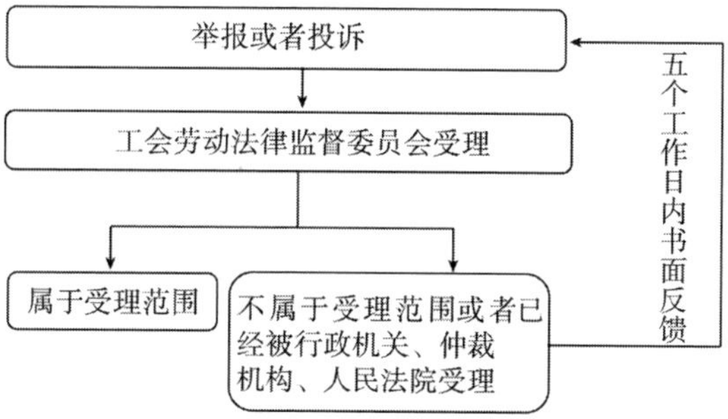

举报、投诉与受理程序流程图

（二）调查取证

《福建省工会劳动法律监督条例》第二十一条规定，工会劳动法律监督委员会在处理举报投诉或者日常监督工作中发现用人单位存在违反劳动法律法规、侵害职工合法权益行为的，可以进行现场调查，向有关人员了解情况，查阅、复制有关资料，核查事实。

调查取证是法律赋予工会劳动法律监督组织的职责和权力，是工会了解用人单位是否违反劳动法律法规和规章的必要手段，主要在三种情况下开展：（1）监督组织受理举报或者投诉后，对反映的情况进行调查取证，并核实相关情况。（2）监督组织在日常工作中发现用人单位可能存在违反劳动法律法规的行为时，主动进行调查取证。（3）根据工会劳动法律监督的需要，监督组织可以随时进行补充调查取证。上级工会收到对用人单位违反劳动法律法规行为投诉的，应当及时转交所在用人单位工会受理，所在用人单位工会应当开展调查，于三十个工作日内将结果反馈职工与上级工会。用人单位工会开展劳动法律监督工作有困难的，上级工会应当及时给予指导帮助。

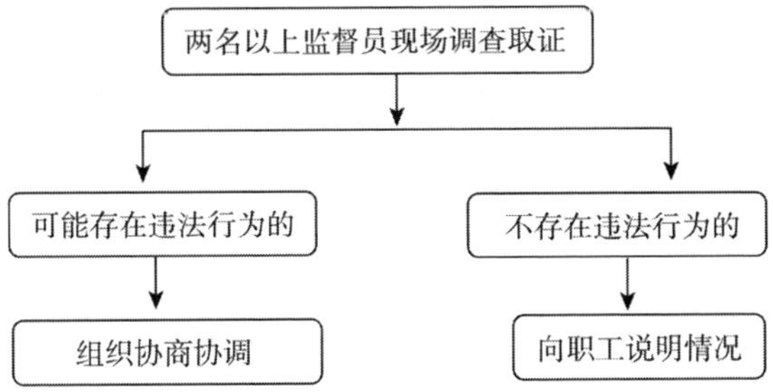

调查程序流程图

现场调查应当由二名以上监督员进行，并出示《工会劳动法律监督员证》。参与现场调查的监督员不足两名的，应提请上级监督组织协助派员开展调查。调查取证中，监督员尽可能实地调查，全面听取用人单位和职工的意见，也可以根据需要听取企业与企业家联合会、工商业联合会等企业方面代表组织的意见。工会劳动法律监督员执行任务时，应当如实记录现场调查情况，调查人员和用人单位的有关人员应在调查记录中共同签名或盖章。用人单位拒绝签名或盖章的，由监督员在记录上注明。用人单位如有阻挠调查，伪造、隐匿、毁灭或者拒绝提供资料的，工会劳动法律监督员也应当如实记录。调查取证后，工会劳动法律监督委员会认为用人单位不存在违反劳动法律法规、侵害职工合法权益行为的，应当及时向职工说明情况。认为用人单位可能存在违法行为的，应当根据当事人意愿，组织协商协调。

（三）协商协调

《福建省工会劳动法律监督条例》第二十三条规定，工会劳动法律监督委员会调查后，认为用人单位存在违反劳动法律法规、侵害职工合法权益行为的，应当根据职工和用人单位意愿，组织双方沟通，协商解决。

协商协调是一种更为柔性的化解矛盾的方式，强调通过协商协调的方式化解劳动纠纷，这也是《福建省工会劳动法律监督条例》以及福建省工会劳动法律监督工作的一大特色和亮点。协商协调是贯穿工会劳动法律监督全过程的基本理念和工作方式，监督工作的所有环节、所有的劳动纠纷都应该优先考虑通过协商协调方式进行化解。在向特定用人单位发出《工会劳动法律监督提示函》和《工会劳动法律监督意见书》之前，“组织双方沟通，协商解决”都是必要的前置程序。

（四）发放“一函两书”

“一函两书”是工会开展劳动法律监督最主要的方式。“一函”是指《工会劳动法律监督提示函》（以下简称《提示函》）；“两书”是指《工会劳动法律监督意见书》（以下简称《意见书》）和《工会劳动法律监督建议书》（以下简称《建议书》）。

1.《工会劳动法律监督提示函》

《福建省工会劳动法律监督条例》第十九条规定，工会劳动法律监督委员会认为用人单位可能违反本条例第十八条所列事项的，可以给予口头提示、沟通协商；必要时，发出《工会劳动法律监督提示函》。

《提示函》（附件 2）是由工会劳动法律监督组织发给用人单位的书面文件，是一种带有提示性质的监督方式，在用人单位可能出现违反劳动法律法规、侵害职工合法权益时，由各级工会监督组织发出。《提示函》是福建省首创，也是福建省工会开展劳动法律监督的重要抓手。根据发放对象的不同，《提示函》的发放主要有两种情形。

（1）向不特定用人单位发放《提示函》。

这类《提示函》发放的一般情形是地方总工会和行业工会劳动法律监督委员会在劳动纠纷可能多发、频发的特定时间节点和情形下，对辖区内用人单位遵守有关劳动法律法规进行普遍提示，最大限度地避免违法行为的发生。比如在临近春节前，就欠薪问题发放《提示函》，提醒用人单位按时足额支付工资；在夏季高温时期，就高温津贴问题发放《提示函》，提醒用人单位按规定发放高温津贴。通常的发布方式有在当地主流报纸和刊物上刊登、在微信公众号上发布，也可以制作成宣传材料进行广泛宣传。福建省总工会劳动法律监督委员会在 2017 年“两节”前夕通过《福建日报》发布以“防范欠薪”为主题的《福建省工会劳动法律监督提示函》（闽工劳监字〔2017〕1 号），成为首份面向全省用人单位发放的工会劳动法律监督提示函。

（2）向特定用人单位发放《提示函》。

这类《提示函》的发放又可以分为两种情形。一是一般性《提示函》。此类《提示函》的发出不以用人单位可能存在违法行为为前提，主要是针对特定时间节点或领域的劳动关系问题作出提醒。如每年 3 月集体协商“要约月”期间，各级工会劳动法律监督委员会对用人单位发出集体协商要约提示函。二是特定事项《提示函》，此类《提示函》的适用情形是工会劳动法律监督委员会经过调查，认为用人单位可能存在违反劳动法律法规、侵害职工合法权益行为，通过口头提示或沟通协商已无法有效化解矛盾的，由本级或上一级工会劳动法律监督委员会向该用人单位发出《提示函》，要求用人单位纠正违法行为，保障职工合法权益。

2.《**工会劳动法律监督意见书**》

根据《福建省工会劳动法律监督条例》第二十三条的规定，工会劳动法律监督委员会调查后，认为用人单位存在违反劳动法律法规、侵害职工合法权益行为的，应当根据职工和用人单位意愿，组织双方沟通，协商解决。协商不成的，向本级或者上一级工会报告，由本级或者上一级工会根据实际情况向用人单位发出《工会劳动法律监督意见书》，提出改正意见。

《意见书》（附件 3）发放的一般情形是工会劳动法律监督委员会调查

后，认为用人单位存在违反劳动法律法规、侵害职工合法权益行为，经协商调解仍不能解决的。通常的发放方式是本级或上一级工会以书面形式向用人单位发放，目的是要求相关用人单位在法律规定时限内整改违法违规行为。用人单位应当自收到《意见书》之日起十五个工作日内，说明办理情况。

对于用人单位违反劳动法律法规规定、侵害职工合法权益的行为，工会并非一经发现就马上发出《意见书》。经口头提示、沟通或者发送《提示函》后，用人单位能够及时整改，消除违法行为，工会组织就没有必要发送《意见书》。

3.《**工会劳动法律监督建议书**》

《福建省工会劳动法律监督条例》第二十五条规定，用人单位收到《工会劳动法律监督意见书》后，未在规定期限内答复，或者无正当理由拒不改正的，行业工会、基层工会应当提请地方总工会向同级人民政府人力资源和社会保障等有关部门发出《工会劳动法律监督建议书》，并移交相关材料。

《建议书》（附件4）发放的一般情形是用人单位对工会发出的《意见书》未在十五个工作日内答复，或拒不改正相关违法行为时，地方总工会根据行业工会、基层工会提请，向同级人社等有关部门发出的书面文件。其性质是向有行政执法权的政府有关部门依法反映情况，提请有关部门依法查处。通常的发放方式是由地方总工会向县级以上政府人社等有关部门发出，相关部门收到《建议书》后，应当依法调查处理，并在办结后十五个工作日内反馈处理结果。

（1）《意见书》是《建议书》发放的前置程序，只有在用人单位对工会发出的《意见书》不予答复或者拒不改正的情况下，县级以上地方总工会才可以根据辖区内工会的申请，向同级政府人社等有关部门发出《建议书》，提请有关部门依法调查处理，并反馈处理结果。

（2）地方总工会向人社部门发放《建议书》主要是针对用人单位存在劳动合同、工资福利及养老、失业和工伤保险等方面的违法行为；向应急管理部门发放《建议书》主要是针对用人单位存在安全生产等方面的违法行为；向住房和城乡建设部门发放《建议书》主要是针对用人单位存在工程重大质量、安全事故等方面的违法行为；向卫生健康部门发放《建议书》主要是针对用人单位存在职业健康方面的违法行为。

4. 发放“一函两书”的注意事项

（1）“一函两书”发放主体的不同。《工会劳动法律监督提示函》由各级工会劳动法律监督委员会发放，由同级工会代章；《工会劳动法律监督意见书》由各级工会发放；《工会劳动法律监督建议书》只能由地方总工会发放。

（2）“一函两书”使用灵活。当监督组织发现用人单位可能存在违反劳动法律法规、侵害职工合法权益的行为时，如果经口头提示或沟通协商，用人单位及时纠正，就不再发放《提示函》；如果经口头提示或沟通协商后，用人单位拒不改正，这时可以根据具体情况决定是否向其发放《提示函》。而对于一些态度强硬、多次协调没有进展的用人单位，也可以不发《提示函》，而是直接发《意见书》。

（3）审慎发放《建议书》。《建议书》由地方总工会向有执法权限的政府职能部门发放，提请有关部门依法调查处理，并反馈处理结果。发放《建议书》之前，工会劳动法律监督组织应对用人单位违反劳动法律法规的行为进行核实，必要时应进行现场调查，并在发送《建议书》时，将有关资料一并移交有关部门。

（五）工会劳动法律监督的其他方式

参与立法机关和政府职能部门的专项检查、通过新闻媒体开展舆论监督，都是工会组织进行劳动法律监督、维护职工合法权益的重要手段和方式。各地工会可以从实际出发，探索建立不同范围、不同形式的工会劳动法律监督。

1. 参与政府职能部门的监督和检查

《工会劳动法律监督办法》第六条规定，工会应当积极配合有关部门，对政府部门贯彻实施劳动法律法规的情况进行监督。《福建省工会劳动法律监督条例》第五条规定，县级以上地方人民政府对用人单位遵守劳动法律法规情况进行专项检查时，应当邀请同级地方总工会参加。实践中，一些地方的有关行政执法部门与同级工会通过建立情况通报、定期会商制度，及时通报重要情况，共同研究重大问题；在处理违反劳动法律法规的重大案件时，主动听取工会意见，共同推动劳动关系的和谐发展。

2. 参与人大执法检查

各级人大对劳动法律法规执行情况开展的检查，是人大监督的一种重要形式。《工会劳动法律监督办法》第十三条规定，县级以上工会经同级人大、政协同意，可以参加其组织的劳动法律法规执法检查、视察。

3. 舆论监督

舆论监督是工会对用人单位的劳动违法行为开展劳动法律监督的一种手段，其目的是推动工会劳动法律监督更有实效。《福建省工会劳动法律监督条例》第九条明确规定，新闻媒体应当宣传与工会劳动法律监督相关的法律法规及其实施情况，加强对违反劳动法律法规、侵犯职工合法权益行为的舆论监督。县级以上地方总工会可以通过新闻媒体对侵害职工合法权益的重大事件及处置情况进行通报。2016 年，人力资源和社会保障部发布了《重大劳动保障违法行为社会公布办法》，明确要求各级人力资源和社会保障行政部门负责开展重大劳动保障违法行为社会公布工作。劳动行政部门以强化社会舆论监督的方式督促用人单位依法用工的创新做法，为工会推进劳动违法舆论监督工作提供了有益借鉴。

工会劳动法律监督要取得实效，就要敢于并善于借助媒体的影响力，通过曝光和公开谴责方式促进劳动法律监督工作，特别是在目前劳动法律执行情况不甚理想、用人单位劳动违法现象相对严重的情况下，一些企业肆意违法并习惯于违法，但却很在意自身的社会形象，因为它们知道企业形象直接关乎其实际利益。因此，工会更应当通过建立曝光和公开谴责制度，大力营造守法光荣、违法可耻的法治氛围，充分发挥媒体曝光和公开谴责对于推动法律监督的重要作用，对用人单位的劳动违法行为特别是肆意违法、情节严重的违法行为产生持续的威慑力，以推动劳动法律法规贯彻落实。这样的监督才能更有力量、更有效果。

当然，工会进行曝光和公开谴责，其根本目的不是指责用人单位的违法行为，更不是用曝光和公开谴责的方式让相关用人单位难堪，而是通过曝光和公开谴责这种劳动法律监督的具体方式，给用人单位形成一种压力，以督促其改正违法行为。在国家加强社会诚信体系建设的大背景下，曝光和公开谴责应该成为揭露不诚信行为的有效形式，这样才有利于促进整个社会的信用体系建设。用人单位是重要的社会主体，用人单位是否遵守劳动法律、尊重劳动者，是判断整个社会诚信水平高低的重要体现。根据人力资源和社会保障部 2016 年印发的《企业劳动保障守法诚信等级评价办法》规定，工会组织作为劳动法律监督主体，应当参与到企业劳动保障守法诚信等级评价工作中，对企业实行守信联合激励和失信联合惩戒。工会在协调劳动关系中处于重要位置，有责任督促用人单位依法用工，在没有国家赋予强制性权力的情况下，更应该把曝光和公开谴责劳动违法行为，推动并参与劳动保障信用体系建设作为工会开展劳动法律监督、督促企业遵守劳动法律、维护职工合法权益的有效形式。

三、工会劳动法律监督的程序

《福建省工会劳动法律监督条例》对工会劳动法律监督程序进行明确规定，各个流程环环相扣，从受理举报或者投诉、调查取证、协商协调，再到“一函两书”的使用，均作出了明确规定，为工会劳动法律监督员开展监督工作、维护职工合法权益提供了明确依据（见附件 5）。

任何单位和个人发现用人单位有违反劳动法律法规的行为时，都可以向工会劳动法律监督委员会举报或者投诉，工会劳动法律监督委员会接到举报投诉后应当及时填写《福建工会劳动法律监督案件登记表》，属于受理范围的及时受理，不属于受理范围的，应在五个工作日内书面反馈。

监督组织应对举报或投诉事项进行调查，必要时指派监督员进行现场调查，核清事实。如果用人单位不存在违反劳动法律法规、侵害职工合法权益行为的，应及时向职工说明；发现用人单位存在违反劳动法律法规、侵害职工合法权益行为的，应组织职工和用人单位双方进行沟通，协商解决。必要时，由本级或上一级工会劳动法律监督委员会发出《提示函》。

《提示函》发出后，仍然得不到解决的，工会劳动法律监督委员会应报本级或上一级工会，由本级或上一级工会决定是否发放《意见书》。《意见书》发放后，用人单位十五个工作日内未答复或者无正当理由拒不改正的，行业工会、基层工会应当提请地方总工会向同级政府人社等有关部门发出《建议书》，并移交相关材料。

人社等相关部门在收到《建议书》后应依法调查处理，并在办结后十五个工作日内反馈处理结果。

四、注意事项

1. 日常监督、事前提示。工会劳动法律监督相较于劳动行政执法的核心优势就是预防，做好工会劳动法律监督的日常工作，对用人单位可能存在的违反劳动法律法规、侵害职工合法权益的行为，通过口头提示、发放《提示函》等做到事前提示，可以有效地预防劳动纠纷发生。

2. 充分运用协商协调的方式解决问题。工会劳动法律监督本身不是目的，追究用人单位法律责任也不是目的，工会劳动法律监督的核心是为了弥补现有执法力量的不足，通过发挥工会劳动法律监督这种有组织的群众性监督的作用，促进劳动法律法规的落实到位，构建和谐劳动关系。实践中，工会因为没有执法权，在发现用人单位违反劳动法律法规时，可通过协商协调有效地化解纠纷，避免矛盾的激化。

3. 注重多元联调联动。工会通过劳动法律监督依法维护职工合法权益，不应工会一家单打独斗，而应通过联合监督、舆论监督等方式，特别要加强人社部门沟通联络协调，多措并举，通过多元主体协同治理的方式依法维护职工合法权益。

4. 报告重大事项。在开展监督工作的过程时，发现有重大问题、群体性事件和困难案件时，应及时向其所属工会报告，本级工会也要根据事件具体情况及时向同级党委、政府报告。通过构建工会劳动法律监督信息快速报送机制，为化解重大劳动纠纷赢得时间、掌握主动。

附 | 本章重点条文

《工会法》第六条、第二十一条、第二十五条、第二十八条第一款

《劳动法》第八十八条第二款

《劳动合同法》第七十八条

《工会劳动法律监督办法》第六条、第十三条、第二十四条、第二十六条

《福建省工会劳动法律监督条例》第五条、第九条、第十六条、第十九条、第二十条、第二十条、第二十一条、第二十三条、第二十四条、第二十五条、第二十六条

附件 1

福建工会劳动法律监督案件登记表

______ 工会劳动法律监督委员会　编号：______

<table>
<tr><td rowspan="5">基本情况</td><td>受理时间</td><td>年　月　日</td><td>反映方式</td><td colspan="2"></td></tr>
<tr><td>涉及职工姓名</td><td></td><td>联系方式</td><td colspan="2"></td></tr>
<tr><td>涉及职工数（人）</td><td></td><td>涉及金额（元）</td><td colspan="2"></td></tr>
<tr><td>涉及单位</td><td></td><td>地址</td><td colspan="2"></td></tr>
<tr><td>主要负责人姓名</td><td></td><td>联系方式</td><td colspan="2"></td></tr>
<tr><td>主要诉求</td><td colspan="5"></td></tr>
<tr><td>处理过程摘要（可附后）</td><td colspan="5">年　月　日</td></tr>
<tr><td>证据材料</td><td colspan="5"></td></tr>
<tr><td rowspan="3">处理结果</td><td colspan="5">年　月　日</td></tr>
<tr><td colspan="5">监督过程中是否发放“一函两书”（在相应位置打√）</td></tr>
<tr><td colspan="2">提示函（ ）</td><td colspan="2">意见书（ ）</td><td>建议书（ ）</td></tr>
<tr><td rowspan="2">监督员</td><td colspan="2"></td><td rowspan="2">联系方式</td><td colspan="2"></td></tr>
<tr><td colspan="2"></td><td colspan="2"></td></tr>
<tr><td>备注</td><td colspan="5"></td></tr>
</table>

附件 2

福建省工会劳动法律监督提示函

（适用于地方总工会劳动法律监督委员会）

________工劳监函字〔　　〕　　号

________________：

________________，现就下列事项提请你单位给予关注：

1. ____

2. ____

____

建议：

1. ____

2. ____

____

（上述栏目可另附页）

维护职工合法权益，构建和谐劳动关系，促进企业健康发展，是我们的共同目标。让我们一起努力！

__________工会劳动法律监督委员会

（工会代章）

年　　月　　日

福建省工会劳动法律监督提示函

（适用于行业、基层工会劳动法律监督委员会）

________工劳监函字〔　　〕　　号

________________：

日前，我会就__________问题与你单位的__________进行了沟通协商，未能达成一致意见。根据《福建省工会劳动法律监督条例》规定，现就以下事项提请你单位给予关注：

1. ____

2. ____

依照____________（法律法规）规定，建议：

1. ____

2. ____

（上述栏目可另附页）

维护职工合法权益，构建和谐劳动关系，促进企业健康发展，是我们的共同目标。让我们一起努力！

__________工会劳动法律监督委员会

（工会代章）

年　　月　　日

附件3

福建省工会劳动法律监督意见书

________工劳监意字〔　　〕　　号

________________：

经核实，你单位在遵守劳动法律法规，保障职工合法权益方面存在下列问题：

1. ____

2. ____

与____________（法律法规）要求不符，建议：

1. ____

2. ____

（上述栏目可另附页）

请你单位尽快进行纠正，并自收件之日起十五个工作日内将整改情况书面告知我们。逾期未答复或无正当理由拒不改正的，我们将根据《福建省工会劳动法律监督条例》之规定，提请政府有关部门处理。

维护职工合法权益，构建和谐劳动关系，促进企业健康发展，是我们的共同目标。让我们一起努力！

__________工会（章）

年　　月　　日

附件 4

福建省工会劳动法律监督建议书

________工劳监建字〔　　〕　　号

________________：

经查，________在遵守劳动法律法规方面存在下列问题：

1. ____

2. ____

（上述栏目可另附页）

根据《福建省工会劳动法律监督条例》的规定，我们于______年____月____日向该单位发出了《工会劳动法律监督意见书》，至今仍未改正。现提请你们对其依法进行查处，并请将处理情况及时书面反馈我们。

维护职工合法权益，构建和谐劳动关系，促进企业健康发展，是我们的共同目标。让我们一起努力！

__________工会（章）

年　　月　　日

附件 5

工会劳动法律监督工作简易流程图

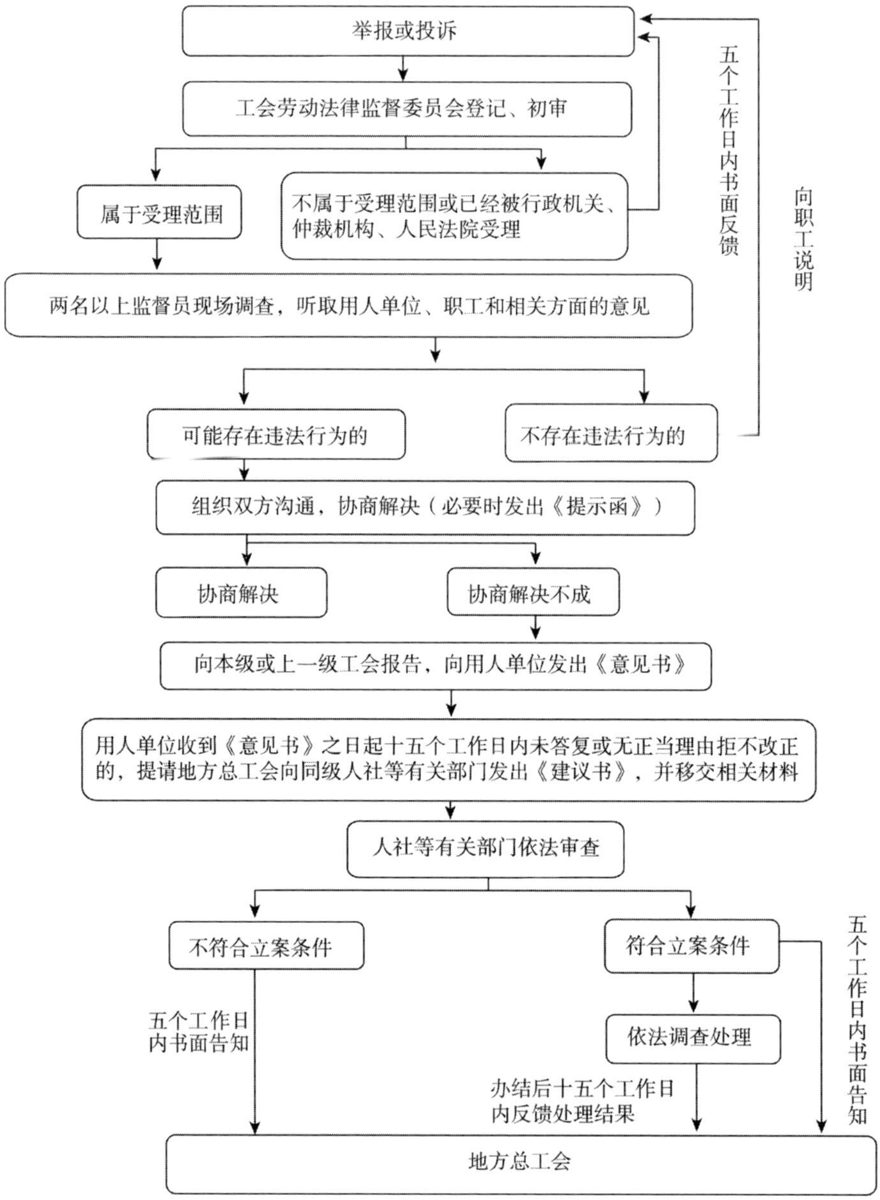

第四章

工会劳动法律监督的内容

用人单位应当主动接受和配合工会依法实施工会劳动法律监督。工会应当教育职工遵守用人单位依法制定的规章制度和履行劳动合同，引导职工合理有序表达诉求；支持用人单位依法开展生产经营和管理活动。用人单位应当建立集体协商制度，就涉及职工权益事项，与工会或职工代表沟通协商，加强对劳动纠纷的事前预防和协商解决。工会应当在新闻媒体上宣传与工会劳动法律监督相关的法律法规及其实施情况，加强对违反劳动法律法规、侵犯职工合法权益行为的舆论监督。

一、企业规章制度

企业规章制度是用人单位基于劳动用工自主权，在符合国家法律法规政策的前提下制定的，调整用人单位的用工行为和劳动者的劳动行为，进而对全体管理者和劳动者都具有法律效力的规则和制度的总称。企业规章制度的主要作用是：企业管理制度化的前提和保证；员工行为的指引和规范；劳动争议处理的重要依据。各级工会组织依法对用人单位涉及职工切身利益的劳动规章制度的制定、修改、执行情况进行劳动法律监督，对于促进用人单位依法建立和完善劳动规章制度，促进企业管理法治化，保障劳动者的合法权益，维护正常生产经营秩序，具有重要的现实意义。

（一）对企业规章制度法律效力的监督

国有国法，家有家规。企业规章制度相当于企业内部的“法律”，原则上对劳动者具有约束力。用人单位制定规章制度，既是权利又是权力。为了避免用人单位滥用权力，我国《劳动法》《劳动合同法》和最高人民法院司法解释从制度主体、主要内容、正当程序、公示告知等方面对企业规章制度的法律效力进行限制，若有违反，则不具有法律效力。

1. 主体适格

有权代表用人单位制定企业规章制度的，应当是单位行政系统中处于最高层次，并对用人单位各个组成部分和全体职工有权实施全面和统一管理的机构。参与规章制度制定的用人单位内部职能部门如处室、车间、班组等，或者直接负责拟定规章制度的人力资源管理部门，都不能直接制定规章制度。

2. 内容合法

企业规章制度的内容不得违反法律、行政法规和国家政策，否则无效。

企业规章制度违反法律法规的规定，损害劳动者权益的，劳动者有权解除劳动合同，并要求损害赔偿。

企业规章制度的内容应坚持合法性与合理性的统一。对不同程度的违纪行为（如一般违纪、较重违纪、严重违纪），分别设定不同的处罚措施（一般警告、严重警告、降级降职、解除劳动合同等）。

在规章制度实施过程中，工会或者职工认为不适当的，有权向用人单位提出，通过协商予以修改完善。

3. 程序正当

用人单位必须通过民主程序制定企业规章制度，包括两个部分：第一，讨论程序，应当经职工代表大会或者全体职工讨论，提出方案和意见。第二，协商确定程序，用人单位与工会或者职工代表平等协商确定规章制度文本。因此，劳动者提出用人单位规章制度未经民主程序而用人单位无法证明的，该规章制度对劳动者不具有约束力。

4. 公示告知

从实践看，企业规章制度的公示方式主要有：发放员工手册，并由员工签字确认；集中学习培训或通过企业电子系统进行培训，组织规章制度考试；在公共场所进行张贴并拍照、录像；在劳动合同或入职登记表中，要求劳动者声明知悉并愿意遵守企业规章制度的相关内容；内部传阅并要求员工签名；向员工发送电子邮件并要求员工回复，以确保劳动者真正知悉规章制度的内容。

企业规章制度具有法律效力，必须同时具备上述四个要件，缺一不可。在工会劳动法律监督过程中，必须注意企业规章制度是否经过用人单位审批并以用人单位名义发布；企业规章制度的内容是否违反国家的法律、行政法规和政策；企业规章制度的制定是否经过民主程序；企业规章制度是否经过公示程序。否则，该规章制度无效。

（二）对执行企业规章制度的监督

工会对执行企业规章制度的情况进行监督，主要体现在以下几个方面：

1. 企业规章制度的实施

企业规章制度实施过程中，工会认为不适当的，有权向用人单位提出，通过协商予以修改完善。具体包括企业对员工进行管理或处分是否有制度依据，用人单位对劳动者的处分措施与劳动者的违纪行为是否能够对应，用人单位处分员工时是否征求工会或职工代表的意见，用人单位对员工的处分措施是否明显有失公平公正。

2. 企业规章制度的变更

包括对企业规章制度变更的必要性、强度、变更内容的适当性、变更程序的合理性等进行监督，以防止企业规章制度的不利变更损害劳动者的合法权益。

3. 企业规章制度与劳动合同、集体合同的效力关系

企业规章制度主要体现的是用人单位一方的意志和利益，而集体合同或者劳动合同体现的是劳资双方的意志和利益，如果用人单位制定的企业规章制度与集体合同或者劳动合同约定的内容不一致，劳动者请求优先适用集体合同或劳动合同约定的，人民法院应予支持。［参见《最高人民法院关于审理劳动争议案件适用法律若干问题的解释（一）》第五十条］同理，如果工会在监督过程中发现企业规章制度与劳动合同、集体合同的约定不一致，有权提示用人单位对规章制度的内容进行必要的修正。

（三）注意事项

第一，工会在对企业规章制度进行监督时，必须同时兼顾制定主体、主要内容、制定程序、完成公示四个要件，缺少其中任何一个法律要件，则企业规章制度不具有法律效力。

第二，工会在对企业规章制度的制定程序是否合法进行监督时，除了听取企业工作人员的汇报外，还要注意查看原始记录，包括召开职工代表大会或职工大会的会议通知、会议讨论记录、会议纪要、参会人员签到表、表决记录等。

第三，对于未建立工会的用人单位，地方总工会或行业工会在对企业规章制度是否合法开展监督时，应重点监督企业规章制度在讨论、协商时是否有通知职工代表参加，该职工代表是否经民主选举产生并进行公示。

第四，并非企业的所有规章制度都必须与工会或者职工代表平等协商确定。根据法律规定，用人单位在制定、修改或者决定有关劳动报酬、工作时间、休息休假等直接涉及劳动者切身利益的规章制度或者重大事项时，应当经职工代表大会或者全体职工讨论，提出方案和意见，与工会或者职工代表平等协商确定。对于厂区管理、业务管理等不涉及劳动者切身利益的规章制度或者非重大事项时，法律并不强制要求企业应与工会或职工代表讨论、协商。

附 | 本节重点条文

《宪法》第五十三条

《劳动法》第三条第二款、第四条、第八十九条

《劳动合同法》第四条、第七十四条、第八十条

《最高人民法院关于审理劳动争议案件适用法律若干问题的解释（一）》第四十七条、第五十条

二、集体协商和集体合同

集体协商是指工会代表企业职工一方与企业代表就劳动报酬、工作时间、休息休假、劳动安全与卫生、保险福利、职业技能培训等涉及职工切身利益的有关事项，进行平等商谈的活动。集体合同是指工会代表企业职工一方与企业代表就劳动关系有关事项，通过集体协商订立书面协议，明确双方的权利义务。集体协商既是签订集体合同的法定程序，也是协调劳动关系构建和谐劳动关系的重要机制。集体协商是工会代表和维护职工权益的一种重要方式和手段，在保障职工合法权益符合法定标准的基础上，为职工争取更多的合理利益。对用人单位来说，可以通过集体协商凝聚职工，降低流失率，实现企业稳定用工，为持续健康发展奠定基础。工会对集体协商和集体合同制度的建立和执行情况的监督主要体现在以下几个方面。

（一）对企业依法建立集体协商和集体合同制度的监督

《福建省企业集体协商和集体合同条例》对全省的集体协商工作提供了有力的法律保障。根据《福建省企业集体协商和集体合同条例》第三条、第十三条的规定，企业应当依法建立集体协商和集体合同制度。企业与企业职工一方应当每年就劳动定额、工资分配和调整等事项进行集体协商。也就是说，福建境内的企业，不分所有制类型，均应建立集体协商制度。工资集体协商应当每年进行一次。

若出现企业拒绝或者故意拖延集体协商，阻挠进行集体协商或者拒不履行已经生效的集体合同等情形，由劳动行政主管部门以书面形式责令限期改正；拒不改正的，劳动行政主管部门应当予以通报批评。情节严重的，劳动行政主管部门可以将其不良行为记入企业劳动保障守法诚信档案，并对该企业处以三千元至三万元的罚款，还可以同时对企业法定代表人或者主要负责人处以一千元至一万元的罚款。

建立集体合同制度，关键是建立平等协商机制，把集体协商贯穿于签订和履行集体合同的全过程。

（二）对集体协商主体的监督

按协商主体的不同，集体协商可以分为企业集体协商和区域性、行业性集体协商。

1. 企业集体协商双方主体

企业集体协商由双方分别派出同等数量代表进行，每方至少三人，并各确定一名首席代表。

企业职工方的协商代表由企业工会选派，企业工会主席应当担任职工方首席代表，因故不能担任的，应当书面委托本方一名代表担任。企业女职工委员会主任应当作为职工方的协商代表。职工方集体协商代表可由工会提名或推荐，经工会委员会或职代会团组长会议讨论确定，也可由会员大会或职代会选举产生。尚未建立工会的，职工方协商代表由上级工会或者行业工会指导企业职工民主推荐产生，并经过企业半数以上职工同意，首席代表从协商代表中产生。

企业方协商代表由企业法定代表人指派，企业法定代表人应当担任本方首席代表，因故不能担任的，应当书面委托本方一名代表担任。

2. 区域性、行业性集体协商双方主体

区域性、行业性集体协商代表，职工方由区域性、行业性工会组织或者上级工会选派，首席代表由区域性、行业性工会主要负责人担任；企业方由本区域、本行业的企业组织选派，也可以由代表企业方面的组织召集相关会议，民主推荐产生，首席代表从协商代表中民主推举产生。

集体协商双方可以聘请本单位、本行业和区域以外的包括社会律师在内的有关专业人员作为本方协商代表，但所聘人数不得超过本方协商代表的三分之一。双方协商代表不得互相兼任。

（三）对集体协商程序的监督

集体协商的程序可分为准备阶段、协商阶段、签订实施阶段，主要有协商准备、提出协商要约、召开协商会议、审议审查、履行和监督等方面［详见企业集体协商工作流程图、区域性（行业性）集体协商工作流程图］。

1. 协商要约

集体协商双方均可以就签订集体合同或者专项集体合同以及相关事宜，以书面形式向对方提出协商要求，内容包括协商议题、时间、地点、参加人员等。要约接受方应当在收到书面要约之日起，十五天内以书面形式答复。无正当理由不得拒绝、拖延进行集体协商。

工会应代表职工积极启动要约程序，依法行使要约权，尤其是当出现企业利润增长、劳动生产率提高、政府发布的工资指导线提高、城镇居民消费价格指数增长等情况时，工会都应主动就工资调整提出书面协商要约。企业方未按规定回应的，可由上级工会发出意见书，提出整改意见。

2. 协商会议

由协商双方首席代表共同主持，双方共同指定一名非协商代表担任记录员；提出要约一方对协商议题和解决方案作出说明；对相关议题进行平等商谈；双方首席代表在每次会议记录上签字；对达成一致的合同（协议）草案，由双方首席代表签字，提交职工代表大会审议。

3. 签订实施

（1）提交职代会审议、签署。

草签后的集体合同文本应当提交职工代表大会或全体职工大会审议，作出审议决议，这是签订集体合同的法定必经程序。会议工作程序有以下几项内容需要特别注意：①代表出席人数。有 2/3 以上职工代表大会的代表出席会议方为有效。②大会表决。可以采取投票表决方式，合同草案须经全体职工代表半数以上或者全体职工半数以上同意，才能通过。③签字。集体合同草案审议通过后，由双方首席代表签字。首席代表因故未能履职的，应当书面委托本方一名代表签字。签字是集体合同订立过程中的一个必要手续，也是集体合同的形式要件，不得轻视或不履行签字手续。

区域性、行业性集体合同草案应提交区域性、行业性职工代表大会讨论通过。集体合同草案未获得职代会通过的，由双方重新协商修改后，在六十日内再次提交讨论通过。暂未成立区域性、行业性职工代表大会的，可通过公示方式告知双方全体人员。

（2）报送审查。

企业应当自签字之日起十日内将集体合同文本、附件及其相关说明等材料报送当地劳动行政部门审查。企业工会应当同时将上述材料报送上一级工会。劳动行政主管部门审查通过，或者自收到集体合同文本之日起十五日内没有异议的，集体合同即行生效。企业应当于十日内将生效后的集体合同向全体职工公布。

企业不提供或者不按时、不如实提供集体协商所需资料的或是不按照规定报送集体合同的，由劳动行政主管部门以书面形式责令限期改正；拒不改正的，劳动行政主管部门应当予以通报批评。

企业集体协商工作流程图

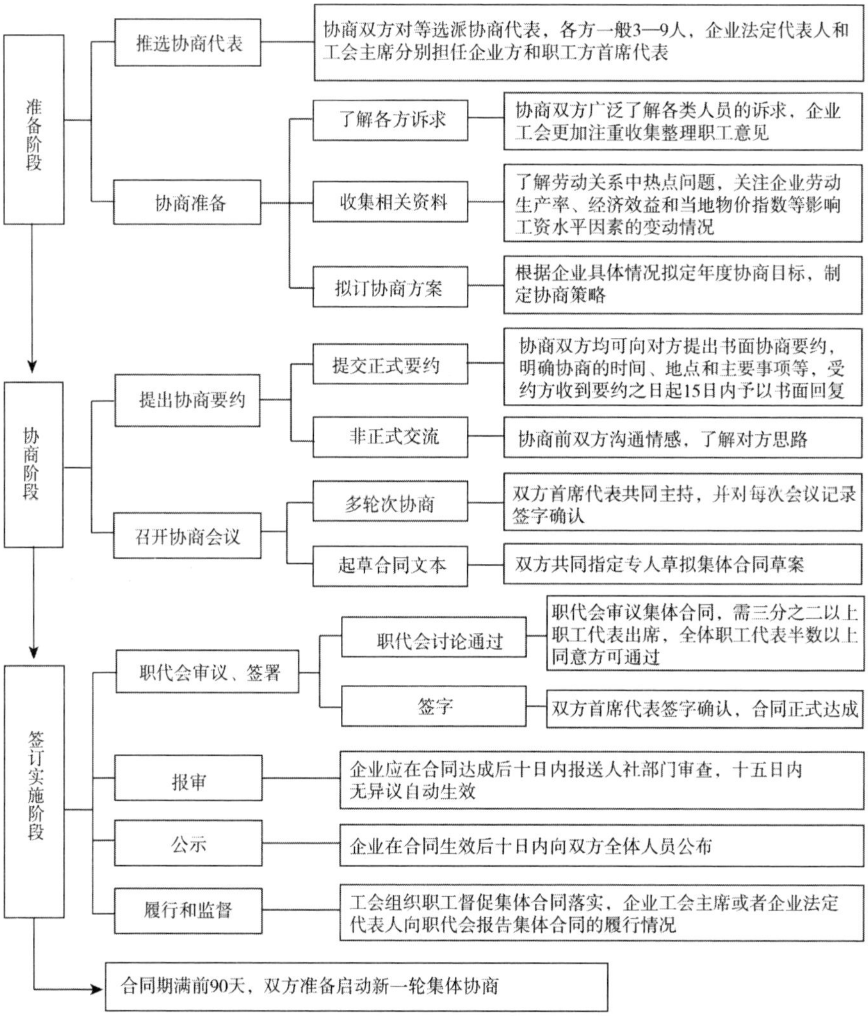

区域性（行业性）集体协商工作流程图

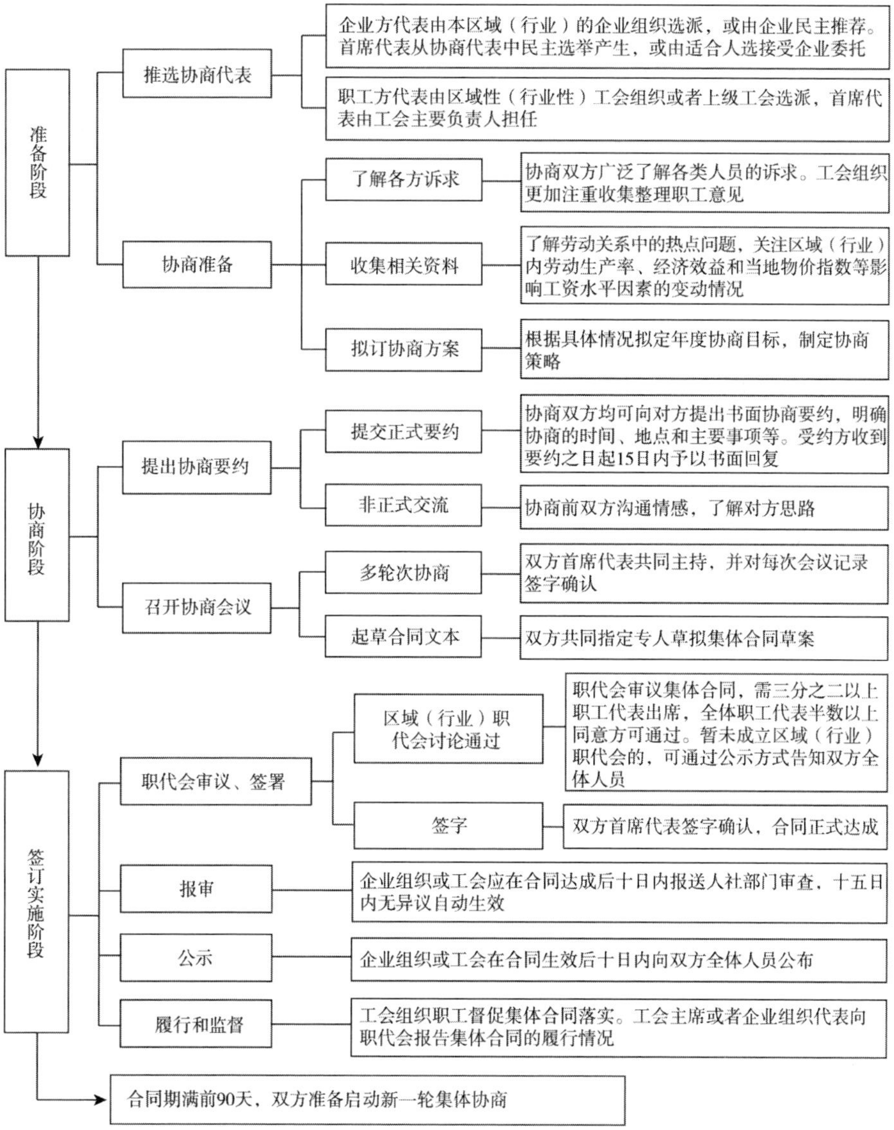

（四）对集体协商内容的监督

按协商内容的不同，集体合同可分为综合性集体合同和专项集体合同。综合性集体合同涵盖劳动关系的各个方面，专项集体合同是针对某个方面开展专题协商，签订专项协议。专项集体合同比较常见的有工资专项集体合同、女职工特殊保护专项集体合同、劳动保护专项集体合同等。

1. 内容

企业集体合同的内容主要包括：劳动报酬；工作时间与休息休假；裁减人员；劳动合同管理；劳动安全卫生；补充保险和福利；女职工和未成年工特殊保护、劳务派遣人员权益保护；职业技能培训；双方履行集体合同的权利和义务；集体合同期限；变更、解除与终止集体合同的条件和程序；争议处理；违约责任；双方需要协商的其他事项等。

2. 标准

集体合同约定的劳动条件和劳动报酬等标准主要起兜底作用。具体标准是：

（1）劳动合同中约定的标准不得低于集体合同规定的标准。

（2）企业与企业职工方签订的集体合同约定标准不得低于区域性、行业性集体合同规定的标准。

（3）各类集体合同中约定的标准不得低于当地人民政府规定标准。

企业规章制度不得与集体合同的规定相抵触。

（五）对集体协商履行情况的监督

集体合同的签订并不等于集体协商集体合同工作的结束。要保证集体合同的有效履行，必须建立起行之有效的监督检查机制。

监督检查从形式上可分为企业外部监督检查和企业内部监督检查。企业外部监督检查主要有：各级人大通过审议有关集体合同立法和进行执法检查，劳动行政部门通过对集体合同登记管理、争议调解与仲裁进行监督检查、劳动保障监察等。企业内部监督检查应当建立和健全集体合同履行监督检查的有关制度，包括：检查报告制度、通报制度、信息反馈制度、职工举报制度。

监督检查的具体形式可以是定期的，如企业工会主席或者企业法定代表人定期向职工代表大会或者全体职工大会报告集体合同的履行情况；也可以采取不定期监督检查的形式，这种形式主要是用于一些集体合同履行过程中容易发生矛盾的难点和职工普遍关心的热点，比如有关劳动标准的履行问题。检查可以通过听取汇报、召开座谈会、征求意见、查看现场和查阅台账等形式，促进集体合同中各项劳动标准的履约执行。因履行集体合同发生争议，双方应当协商解决。协商解决不成的，任何一方可以依法向劳动人事争议仲裁机构申请仲裁；对仲裁裁决不服的，可以自收到仲裁裁决书之日起十五日内向人民法院提起诉讼。

（六）注意事项

1. 善于抓住关键节点积极要约

福建省从 2011 年开始，确定每年 3 月为工资集体协商“要约行动月”。各级工会在“要约月”紧扣“主动要约、规范运作、完善制度、互利双赢”的主题，以行业、区域协商为重点形式，以劳动报酬为重点内容，以非公有制中小企业为重点领域，以一线职工、农民工、劳务派遣工为重点对象，多层次、全方位开展集体协商要约，掀起集中宣传、集中要约、集中建制的气势和热潮，持续推进集体协商制度建设和规范运作。各级工会可以此为契机，在重点行业、重点领域推行“一函两书”，督促企业建立健全集体协商制度。

2. 广泛发动职工积极参与

把提高职工的满意度作为深化集体协商工作的动力，通过协商议题的征集、协商代表的公示等举措，落实职工知情权，扩大职工参与度，使集体协商更充分地反映职工的意愿和诉求，协商内容更贴合企业的实际情况。建立以职工参与度、知晓度、满意度为根本标准的集体协商集体合同职工评价体系，最大限度地提升职工群众的关注程度，增强职工获得感。

3. 规范程序与形式多样并重

规范协商程序不仅是有效签订集体合同的要求，也是提高协商质量、保证协商成效的要求。各级工会重在指导企业按照《福建省企业集体协商质效评价标准》，规范协商程序。同时，各地可根据实际情况，积极探索“上代下”“上参下”“二次协商”“协商层级上提”“签订合同下移”等方式。对协商和要约有困难的基层工会特别是中小微企业，外商投资、涉港澳台资企业工会，上级工会可代行要约和协商，帮助企业因企制宜，独立自主地开展集体协商。

4. 广泛凝聚协商共识

在开展监督过程中，也要注重宣传造势，传播协商理念，凝聚协商共识。对协商理念的宣传是现阶段的一项重要的基础性工作。要加强与新闻媒体的协调沟通，充分利用传统和新兴媒体等多种方式和渠道，提高社会对集体协商工作的认知度，推动形成“调整工资要协商”“化解劳动关系矛盾靠协商”的社会共识。当前要着重普及协商理念，使广大企业经营者充分认识到，开展集体协商是实现劳资双方互利共赢、促进企业持续健康发展的重要途径。特别是应当通过树立集体协商的先进典型和推广集体协商经验，发挥先进典型的示范引领作用，消除广大企业经营者的疑虑，变“要我谈”为“我要谈”。同时，可以有选择地对拒不开展集体协商或拒不履行集体合同的典型案例进行曝光，形成强有力的舆论压力，营造良好协商氛围。

5. 关注协商代表的履职保护

企业应当保证协商代表履行职责必要的工作时间和工作条件。协商代表参加集体协商的时间视为正常工作时间。企业职工一方的协商代表履职期间遇到劳动合同期满，其劳动合同期限自动延长至完成履行协商代表职责之时。职工在担任协商代表期间，除有《劳动合同法》第三十九条规定情形的，企业不得与其解除劳动合同。企业无正当理由不得调整协商代表的工作岗位。

企业无正当理由变更、解除协商代表的劳动合同或者调整协商代表工作岗位的，由劳动行政主管部门以书面形式责令限期改正；拒不改正的，劳动行政主管部门应当予以通报批评。情节严重的，劳动行政主管部门可以将其不良行为记入企业劳动保障守法诚信档案，并对该企业处以三千元至三万元的罚款，还可以同时对企业法定代表人或者主要负责人处以一千元至一万元的罚款。

在协商期间，企业依照《劳动合同法》第四十一条规定裁减人员时，协商代表有保留工作优先权。

附 | 本节重点条文

《劳动法》第三十三条、第三十四条、第三十五条、第八十四条

《工会法》第六条第二款 、第二十条、第五十三条

《劳动合同法》第五十一条、第五十二条、第五十三条、第五十四条、第五十五条、第五十六条、第七十八条

《福建省企业集体协商和集体合同条例》第三条、第五条、第六条、第八条、第十二条、第十三条、第十七条、第十九条、第二十四条、第二十七条、第三十条

三、劳动合同

劳动合同是劳动者与用人单位确定劳动关系，明确双方权利和义务的协议。劳动合同制度的建立，可以从源头上规范用人单位的用工行为，特别是在发生劳动争议时，劳动合同是保护作为弱势一方的劳动者合法权益的重要依据。因此，对劳动合同的订立、履行、变更、解除和终止情况进行劳动法律监督意义重大。

（一）对劳动合同订立的监督

1. 主体适格

用人单位和劳动者都具备订立劳动合同的主体资格。具体来说，用人单位必须是在中华人民共和国境内依法设立的企业、个体经济组织、民办非企业单位等组织；劳动者必须满足《劳动法》第十五条规定的法定就业年龄，即年满十六周岁且具有劳动能力。文艺、体育和特种工艺单位招用未满十六周岁的未成年人，必须遵守国家有关规定，并保障其接受义务教育的权利。

2. **内容合法**

劳动合同的内容应当符合《劳动合同法》第十七条规定的必备条款和约定条款。必备条款主要包括：(1) 用人单位的名称、住所和法定代表人或者主要负责人。(2) 劳动者的姓名、住址和居民身份证或者其他有效身份证件号码。(3) 劳动合同期限。(4) 工作内容和工作地点。(5) 工作时间和休息休假。(6) 劳动报酬。(7) 社会保险。(8) 劳动保护、劳动条件和职业危害防护。(9) 法律、法规规定应当纳入劳动合同的其他事项。

劳动合同的约定条款，是指法律不作强制性规定，由当事人根据意愿选择是否在合同中约定的条款，劳动合同缺乏这种条款不影响其效力。根据《劳动合同法》第十七条第二款的规定，劳动合同除前款规定的必备条款外，用人单位与劳动者可以约定试用期、培训、保守秘密、补充保险和福利待遇等其他事项。

3. **形式合法**

根据《劳动合同法》第十条、第六十九条的规定，除非全日制用工以外，劳动合同的法定形式是书面劳动合同。已建立劳动关系，未同时订立书面劳动合同的，应当自用工之日起一个月内订立书面劳动合同。

（二）对劳动合同履行和变更的监督

1. **劳动合同的履行**

劳动合同双方当事人在履行合同过程中，必须遵守法律法规，不得有违法行为，其主要体现在三个方面：一是用人单位应按合同约定和国家规定足额支付工资。若用人单位拖欠或者未足额支付劳动报酬时，劳动者可以向人民法院申请支付令获得救济。二是用人单位应当严格执行劳动定额标准，不得强迫或者变相强迫劳动者加班。若必须安排加班的，应当按照《劳动法》第四十四条规定向劳动者支付加班费。三是用人单位应当根据劳动安全卫生规程和标准，提供保障劳动者生命安全和身体健康的劳动条件，用人单位管理人员不得违章指挥、强令劳动者冒险作业。

2. **劳动合同的变更**

劳动合同的变更是指劳动合同依法订立后，在合同尚未履行或者尚未履行完毕之前，经用人单位和劳动者根据平等自愿的原则协商同意，对劳动合同内容做部分修改、补充或者删减的法律行为。劳动合同强调用人单位与劳动者“协商一致”，如果当事人双方没有就劳动合同变更达成合意，则应当继续履行劳动合同。用人单位不得在未与劳动者就劳动合同变更达成一致的情况下单方解除劳动合同，否则可能构成非法解雇。劳动合同变更情形大概可分为三类：（1）用人单位的原因，如企业改制、转产或重组，需要变更劳动者工作岗位或薪酬福利待遇。（2）劳动者的原因，如因为家庭、求学需要改变工作或因患病、负伤需要调换岗位的。（3）客观原因，如国家政策法规变化、自然灾害、不可抗力等。劳动合同变更应当采取书面形式，但书面形式并非劳动合同变更的生效要件，实践中劳动合同的变更形式比较灵活，也支持以实际履行行为来变更劳动合同。《最高人民法院关于审理劳动争议案件适用法律若干问题的解释（一）》第四十三条肯定了劳动合同口头变更形式的有效性，但同时规定必须通过当事人的实际履行行为来体现双方就劳动合同变更达成合意。

（三）对劳动合同解除和终止的监督

劳动合同的解除和终止是产生劳动争议最多的事由，法律介入劳动合同的解除和终止环节，主要是基于劳动者在劳动关系的弱势地位导致其无法与用人单位平等地决定劳动关系是否存续，以及劳动者在劳动合同解除或者终止后可能无法获得合理的补偿或赔偿。

根据《劳动合同法》第四十三条的规定，对于用人单位单方解除劳动合同，工会享有事先知情权。对于用人单位违法解除劳动合同的行为，工会享有要求纠正的权利。用人单位应当研究工会的意见，并将处理结果书面通知工会。

1. 劳动合同解除的类型

劳动合同的解除，是指在依法订立且生效的劳动合同尚未履行或者尚未全部履行完毕之前，劳动合同当事人提前消灭劳动关系的法律行为。劳动合同的解除，根据解除方式以及条件的不同，可分为协商解除、劳动者解除和用人单位解除。

（1）协商解除。

协商解除是指劳动关系双方当事人协商解除劳动合同，前提是劳动者与用人单位就解除劳动合同以及解除劳动合同后的相关事项达成一致，且协商是基于平等、自愿的原则。用人单位与劳动者协商一致，可以解除劳动合同。如果是用人单位向劳动者提出的，应当向劳动者支付经济补偿金。如果一方当事人采取暴力、威胁等手段强迫对方同意解除劳动合同，则劳动合同的解除无效。

（2）劳动者单方解除。

劳动者享有的单方解除权主要分为两种情形：一是用人单位无过错。劳动者提出解除劳动合同，需提前三十日以书面形式通知用人单位；在试用期内需提前三日通知用人单位。用人单位无须支付经济补偿金。二是用人单位有过错。用人单位行为只要符合《劳动合同法》第三十八条规定前六种情形之一的，劳动者可以随时解除；用人单位以暴力、威胁或者非法限制人身自由的手段强迫劳动者劳动的，或者用人单位违章指挥、强令冒险作业危及劳动者人身安全的，劳动者可以立即解除劳动合同，不需事先告知用人单位。同时用人单位应当向劳动者支付经济补偿金。

（3）用人单位单方解除。

用人单位单方解除主要有三种情形：一是劳动者有过错，用人单位可以随时解除。劳动者符合《劳动合同法》第三十九条规定六种情形之一的，用人单位可以解除劳动合同，不支付补偿金。二是劳动者无过错，用人单位预告通知解除。劳动者符合《劳动合同法》第四十条规定三种情形之一，用人单位解除劳动合同时需提前三十日以书面形式通知劳动者本人或者额外支付劳动者一个月工资。同时，用人单位应当向劳动者支付经济补偿金。三是法定情形下，用人单位经济性裁员。主要是指用人单位因自身的经济原因、经营原因而解除劳动合同，如依照《企业破产法》的规定进行重整，生产经营发生严重困难等原因需要裁员的，且符合《劳动合同法》第四十一条规定的裁员条件，用人单位应履行法定裁员程序如提前三十日向工会或者全体职工说明情况，听取工会或职工的意见后，裁减人员方案经向劳动行政部门报告的，可以裁减人员。同时用人单位应当向劳动者支付经济补偿金。

2. 用人单位不得解除劳动合同的法定情形

劳动者符合《劳动合同法》第四十二条规定的六种情形之一，如疑似职业病病人在诊断或者医学观察期的、患病在医疗期内的、女职工在“三期”的，在本单位连续工作满十五年且距法定退休年龄不足五年的等，用人单位不得依照第四十条、第四十一条的规定解除劳动合同。若违法解除的，根据《劳动合同法》第八十七条规定，用人单位应当依照《劳动合同法》第四十七条规定的经济补偿标准的二倍向劳动者支付赔偿金。

3. 劳动合同的终止

劳动合同终止是指劳动合同所确立的劳动关系因合同解除以外的法律事实而消灭。

（1）劳动合同终止的法定事由。

根据《劳动合同法》第四十四条的规定，导致劳动合同终止的情形主要包括：（一）劳动合同期满的；（二）劳动者开始依法享受基本养老保险待遇的；（三）劳动者死亡，或者被人民法院宣告死亡或者宣告失踪的；（四）用人单位被依法宣告破产的；（五）用人单位被吊销营业执照、责令关闭、撤销或者用人单位决定提前解散的；（六）法律、行政法规规定的其他情形。

（2）劳动合同的延期终止。

主要指劳动合同期满时因存在法定的特殊情形，劳动合同应当延续至相应的情形消失为止。《劳动合同法》第四十五条规定，劳动合同期满，有本法第四十二条规定情形之一的，劳动合同应当续延至相应的情形消失时终止。需要注意的是，在劳动合同延续的期间内，如果劳动者出现了《劳动合同法》第三十九条所规定的情形，用人单位仍可以依法解除与该劳动者的劳动合同。

（3）劳动合同终止的经济补偿。

除用人单位维持或者提高劳动合同约定条件续订劳动合同，劳动者不同意续订的情形外，劳动合同期满终止固定期限劳动合同的；用人单位被依法宣告破产的或者用人单位被吊销营业执照、责令关闭、撤销或者用人单位决定提前解散而终止劳动合同的，用人单位应当向劳动者支付经济补偿金。

4. 解除或者终止劳动合同的经济补偿标准

经济补偿按劳动者在本单位工作的年限，每满一年支付一个月工资的标准向劳动者支付。六个月以上不满一年的，按一年计算；不满六个月的，向劳动者支付半个月工资的经济补偿。劳动者月工资高于用人单位所在直辖市、设区的市级人民政府公布的本地区上年度职工月平均工资三倍的，向其支付经济补偿的标准按职工月平均工资三倍的数额支付，向其支付经济补偿的年限最高不超过十二年。这里的月工资是指劳动者在劳动合同解除或者终止前十二个月的平均工资。

根据《劳动合同法》第九十七条第三款的规定，《劳动合同法》施行之日存续的劳动合同在本法施行后解除或者终止，依照本法第四十六条规定应当支付经济补偿的，经济补偿年限自本法施行之日起计算；本法施行前按照当时有关规定，用人单位应当向劳动者支付经济补偿的，按照当时有关规定执行。

5. 用人单位违法解除或终止劳动合同的后果

用人单位违反《劳动合同法》规定解除或者终止劳动合同，劳动者要求继续履行劳动合同的，用人单位应当继续履行；劳动者不要求继续履行劳动合同或者劳动合同已经不能继续履行的，用人单位应当依照经济补偿金的两倍向劳动者支付赔偿金。

6. 劳动合同解除或终止后双方当事人的义务

根据《劳动合同法》第五十条的规定，双方应当履行如下义务。

（1）用人单位应当履行的义务。

用人单位应当在解除或者终止劳动合同时出具解除或者终止劳动合同的证明，并在十五日内为劳动者办理档案和社会保险关系转移手续。应当向劳动者支付经济补偿的，在办结工作交接时支付。对已经解除或者终止的劳动合同的文本，至少保存二年备查。

（2）劳动者应当履行的义务。

劳动合同解除或者终止时，劳动者应当按照双方约定，办理工作交接。同时，在劳动合同解除或终止后，劳动者应当按照劳动合同的约定，保守用人单位的商业秘密与知识产权相关秘密事项，履行竞业限制义务。

（四）注意事项

1. 在劳动合同订立阶段需注意的事项

（1）未签订劳动合同的二倍工资问题。

用人单位自用工之日起超过一个月但不满一年未与劳动者订立书面劳动合同的，应当向劳动者每月支付二倍的工资。同时，《劳动合同法》第十四条规定，用人单位自用工之日起满一年不与劳动者订立书面劳动合同的，视为用人单位与劳动者已订立无固定期限劳动合同。用人单位违反《劳动合同法》的规定，不与劳动者订立无固定期限劳动合同的，自应当订立无固定期限劳动合同之日起向劳动者每月支付二倍的工资。同时，注意双倍工资主张的仲裁时效，根据《劳动争议调解仲裁法》第二十七条规定，双倍工资主张适用一年的仲裁时效。

（2）违约金的问题。

除了违反服务期约定和违反竞业限制约定这两种情形，可以约定违约金，在其他方面不允许用人单位与劳动者约定违约金条款，即便约定也归于无效。

（3）试用期的问题。

一是试用期的长短。劳动合同期限在三个月以上的，才可以约定试用期。试用期包含在劳动合同期限内。其中，三个月以上不满一年的，试用期不得超过一个月；一年以上不满三年的，试用期不得超过二个月；三年以上固定期限和无固定期限的劳动合同试用期不得超过六个月。二是试用期的次数。同一用人单位与同一劳动者只能约定一次试用期，对于已经在岗的劳动者进行转岗，一般不再约定试用期。三是不得约定试用期的情形。以完成一定工作任务为期限的劳动合同，或者期限不满三个月的劳动合同，不得约定试用期。四是对仅约定试用期的处理。劳动合同仅约定试用期的，试用期不成立，约定的试用期期限为劳动合同期限。五是试用期间工资。劳动者在试用期的工资不得低于本单位同岗位最低档工资的80%或者劳动合同约定工资的80%，并不得低于用人单位所在地的最低工资标准。

2. 在劳动合同履行变更阶段需注意的事项

（1）劳动合同变更的形式要求。

《劳动合同法》第三十五条规定，劳动合同的变更应当采用书面形式，但实践中没有采取书面形式的变更大量存在。对于没有采取书面形式变更劳动合同的，不能一概否认变更的效力。《最高人民法院关于审理劳动争议案件适用法律若干问题的解释（一）》第四十三条明确规定，用人单位与劳动者变更劳动合同约定的内容没有采用书面形式，但已经实际履行了口头变更的劳动合同超过一个月，且变更后的劳动合同内容不违反法律、行政法规以及公序良俗，当事人以未采用书面形式为由主张劳动合同变更无效的，人民法院不予支持。

（2）用人单位变更劳动合同须有正当理由。

《劳动合同法》第四十条第三款规定，劳动合同订立时所依据的客观情况发生重大变化，致使合同无法履行，经用人单位与劳动者协商，未能就变更劳动合同内容达成协议的，用人单位提前三十日以书面形式通知劳动者本人或者额外支付劳动者一个月工资后，可以解除劳动合同。由此可以看出，劳动合同订立时所依据的客观情况发生重大变化，是劳动合同变更的一个重要事由。

所谓“劳动合同订立时所依据的客观情况发生重大变化”，通常包括：订立合同时所依据的法律法规依据修改或者废止；用人单位根据市场变化调整经营方向或产业结构；劳动者自身原因无法继续履行原合同，以及不可抗力或情势变更等客观情况。如果没有发生客观情况的重大变化，原则上不允许用人单位变更劳动合同。

3. 在劳动合同的解除和终止阶段需注意的事项

（1）工会有权监督用人单位单方解除劳动合同。

根据《工会法》《劳动法》《劳动合同法》的相关规定，用人单位凡是单方解除劳动合同的，应当将解除理由事先通知工会，如果没有则属于违法解除。如果用人单位单方解除劳动合同违反法律、行政法规规定或者劳动合同约定，工会有权要求用人单位纠正，这是工会的一项法定权利，任何组织和个人都不得剥夺和侵害。虽然用人单位的这一义务仅是程序性的，无论工会同意与否，最终的决定权仍在用人单位，但是这一程序对于保证劳动者免受不公正解雇，促进劳资双方通过自我协调化解劳资纠纷有着不可或缺的作用。因此，如果用人单位未履行该程序，应当认定其解除劳动合同违法，劳动者以用人单位违法解除劳动合同为由请求用人单位支付赔偿金的，人民法院应予支持，但起诉前用人单位已经补正有关程序的除外。

（2）用人单位经济性裁员应履行相应程序。

如果企业裁减人员二十人以下，且占企业职工总数百分之十以下的，符合法定条件，企业可以进行裁员。如果企业裁减人员二十人以上或者裁减虽不足二十人但占企业职工总数百分之十以上的，必须经过如下程序，才能进行裁员：一是说明情况。用人单位应当提前三十日向工会或者全体职工说明有关裁减人员原因、方案等情况。二是听取意见。用人单位说明情况后，应当听取工会或者职工的意见。三是报告。用人单位应当将裁减人员方案向劳动行政部门报告。

裁减人员前，首先考虑调岗，确实有裁员必要时应当优先留用下列人员：一是与本单位订立较长期限的固定期限劳动合同的；二是与本单位订立无固定期限劳动合同的；三是家庭无其他就业人员，有需要扶养的老人或者未成年人的。在六个月内重新招用人员的，应当通知被裁减的人员，并在同等条件下优先招用被裁减的人员。

（3）劳动合同的解除和终止的程序性区别。

劳动合同的解除是指劳动合同履行期限内，由于某种因素导致用人单位与劳动者结束劳动关系的一种法律行为。劳动合同的终止是指在劳动合同期满或符合劳动合同终止的法定情形时，用人单位与劳动者结束劳动关系的一种法律行为。法律对劳动合同的解除程序是有严格要求的，并且根据不同事由设计了不同程序，包括双方协商一致、单方提前告知以及裁员情况下用人单位提前三十日听取工会或全体职工意见并向劳动行政部门报告等。而劳动合同终止的程序在法律上没有明确规定，一般认为只要用人单位尽到向劳动者的告知义务，并为劳动者办理相关手续即可。此外，劳动合同在解除或终止后，用人单位所应承担的经济责任也有所区别。劳动合同解除时，如非劳动者主动提出或因劳动者发生过错而导致劳动合同解除的，用人单位均须向劳动者支付经济补偿。劳动合同终止时，如因为劳动合同期满用人单位不续约或用人单位依法终止生产经营的，用人单位应当向劳动者支付经济补偿，其他情形则不需要支付经济补偿。

附 | 本节重点条文

《工会法》第二十条、第二十一条

《劳动法》第三十条、第八十八条

《劳动合同法》第六条、第七条、第九条、第十条、第十九条、第二十五条、第三十条、第三十一条、第三十二条、第三十六条、第三十七条、第三十八条、第三十九条、第四十条、第四十一条、第四十二条、第四十三条、第四十六条、第四十七条、第四十八条、第五十条、第六十九条、第七十八条、第八十七条

《最高人民法院关于审理劳动争议案件适用法律若干问题的解释（一）》第四十三条、第四十七条

《劳动争议调解仲裁法》第二十七条

四、工资和福利待遇

工资是劳动者的基本生活保障，通过劳动获得工资是劳动者进入劳动关系的直接目的和追求。

根据国家统计局颁布的《关于工资总额组成的规定》，工资由下列六个部分组成：计时工资；计件工资；奖金；津贴和补贴；加班加点工资；特殊情况下支付的工资，不包括职工福利费用、劳动保护费用、出差伙食补助费等。

财政部颁布的《关于企业加强职工福利费财务管理的通知》（财企〔2009〕242号）第二条规定：企业为职工提供的交通、住房、通讯待遇，已经实行货币化改革的，按月按标准发放或支付的住房补贴、交通补贴或

者车改补贴、通讯补贴，应当纳入职工工资总额，不再纳入职工福利费管理。企业给职工发放的节日补助、未统一供餐而按月发放的午餐费补贴，应当纳入工资总额管理。

随着工资的概念越来越明晰，工资便成为工会劳动法律监督的重要事项。各级工会组织依法对用人单位工资的分配、调整、支付情况进行监督，推动健全工资决定和正常增长机制，完善工资支付保障制度，这对于促进用人单位依法履行工资给付义务，保障劳动者的工资权和生存权，维护劳动关系和社会关系的和谐稳定，促进社会公平正义，具有重要的现实意义。

（一）对工资分配制度、工资标准和工资分配形式的监督

企业工资分配制度主要有岗位工资制、技能工资制、岗位技能工资制、浮动工资制、定额工资制等。工资分配形式，主要有计时工资和计件工资两种形式，也有以完成一定的生产工作任务作为工资分配依据的分配方式。职工工资应主要根据其劳动技能、劳动强度、劳动条件、劳动贡献四个基本要素来确定。工会对工资分配制度、工资标准和工资分配形式的监督主要是通过集体协商的方式来进行，代表职工与企业就职工工资的基本构成、各组成部分所占比重、具体标准、分配原则以及年终奖金、分红等内容进行协商，尤其是经过集体协商确定企业的劳动等级分类并确定各等级工资标准。

本项监督一般以年度职工工资水平和调整为基本内容。谈工资的调整幅度，一种是谈企业工资总额的调整幅度；另一种是谈平均工资水平的调整，可以根据各企业的具体情况来定。

我国实行最低工资保障制度。最低工资的具体标准由省、自治区、直辖市人民政府规定。至少每两年调整一次。

1. 奖金

奖金是以货币形式对职工所付出的超额劳动的补偿和奖励，如超产奖、节约奖、技术革新奖等。需要协商的内容：①奖励指标；②奖励条件；③奖励范围；④奖励周期；⑤奖金标准；⑥奖励基金的提取与分配。

2. 津贴、补贴

津贴是补偿职工在特殊劳动条件下，如高温、井下环境中付出的额外和特殊的劳动消耗，支付给劳动者的报酬。补贴是为保证职工实际生活水平不下降，根据一定的标准，发给职工的补助性收入，如通讯、交通费补贴等。

从2019年5月1日起，福建省对现行夏季高温津贴发放标准进行调整：5月份应当按实际高温天数向劳动者支付高温津贴，6—9月份应当按月或按实际高温天数向劳动者支付高温津贴。按月计发的，每人每月260元；按天计发的，每人每天12元。用人单位发放的高温津贴纳入工资总额，但不包括在最低工资标准范围内。

3. 加班加点工资支付

（1）用人单位安排劳动者加班加点，应当按照下列标准支付工资报酬：

①延长工作时间的工资报酬=日工资×150%

②休息日安排劳动者工作的工资报酬=日工资×200%

③法定休假日安排劳动者工作的工资报酬=日工资×300%

（2）日工资、小时工资的折算为：

月工资收入÷月计薪天数=日工资

小时工资=月工资收入÷（月计薪天数×8小时）

月计薪天数=（365天-104天）÷12月=21.75天

4. 特殊情况下的工资支付

（1）劳动者因依法参加社会活动占用工作时间的，用人单位应视同劳动者提供正常劳动并支付其工资。

（2）试用期工资。根据《劳动合同法》和《劳动合同法实施条例》，试用期包含在劳动合同期限内，试用期不是“白干期”或“廉价期”，试用期实行“零工资”是违法的。劳动者在试用期的工资不得低于本单位相同岗位最低档工资的80%或者劳动合同约定工资的80%，并不得低于用人单位所在地最低工资标准。相同岗位最低档工资的80%或者劳动合同约定工资的80%的数额不一致的，可以由劳资双方在劳动合同中约定按照哪一个标准执行；没有约定的，应当按照有利于劳动者的标准确定。如果用人单位和劳动者在劳动合同中约定的试用期工资高于上述标准的，按约定有效。

（3）企业停工、停产期间应按国家和地方政府规定支付劳动者工资或生活费。即非因劳动者原因造成的单位停工、停产，在一个工资支付周期内，用人单位应按劳动合同规定的标准支付劳动者工资。超过了一个工资支付周期的，若劳动者提供了正常劳动，则支付给劳动者的工资不得低于当地的最低工资标准。若劳动者未提供正常劳动，生活费应按不低于当地最低工资标准的70%发放。

（4）职工病假、事假、产假、年休假、婚丧假期间工资，应按扣除奖金、加班工资、特殊津贴后的工资为计发基数。病假工资或疾病救济费可以低于当地最低工资标准支付，但不能低于最低工资标准的80%。

（5）工伤停工留薪期内工资待遇。职工因工作遭受事故伤害或职业病需要暂停工作接受工伤治疗的，在停工留薪期内，原工资福利待遇不变，由所在单位按月支付。工伤职工评定伤残等级后，停发原待遇，按照《工伤保险条例》的有关规定享受伤残待遇。

5. 非全日制用工的工资支付

非全日制用工是我国《劳动合同法》明确规定的一种用工方式。关于工资，工会劳动法律监督的主要内容是：（1）对工资支付标准进行监督。最低工资权利的保护是非全日制劳动者劳动权益保障之根本，也是我国非全日制用工工资支付制度的最重要内容。非全日制用工小时计酬标准不得低于用人单位所在地省级人民政府规定的最低小时工资标准。（2）对工资定期支付进行监督。非全日制用工工资支付周期最长不得超过十五日。

（二）对工资支付原则的监督

劳动合同是一种继续性给付合同，持续地劳动并定期获得工资是劳动者赖以生存的重要途径。为了保障劳动者能够按时领到其应得的全部工资，《劳动法》第五十条规定，工资应当以货币形式按月支付给劳动者本人。不得克扣或者无故拖欠劳动者的工资。本条文确立了工资支付的一般原则，即货币支付原则、定期支付原则、直接支付原则和全额支付原则，以保障劳动者的工资权利不受任何形式的不当限制。

1. **货币支付原则**

所谓货币支付原则，即排除用人单位以实物、购物券、消费券或其他有价证券形式发放工资。工资要求以货币形式（一般指本国法定货币）支付，与货币作为一般等价物的特点有关。如果允许用人单位以实物、购物券等形式发放工资，就等于限制了劳动者的消费自主权。工会对用人单位以货币形式支付工资进行监督，有助于防止用人单位通过强制交易和实物支付加深对劳动者的剥削，谋取不法利益。

2. **定期支付原则**

所谓定期支付，是指劳动者享有要求用人单位按照法律规定或劳动合同约定的时间发放工资的权利，以防止用人单位长时间不支付工资，影响劳动者的正常生活。具体有三层含义：一是用人单位应当按照法律规定的支付周期（即每月）发放工资。实行周、日、小时工资制的，可按周、日、小时支付工资；实行计件工资制的，结算周期不应超过一个月；特殊行业的工资支付形式可以由双方协商约定。二是用人单位必须按照劳动合同约定的支付日期发放工资，如果约定的工资支付日期遇到周休日或法定节假日，应当提前在最近的工作日支付工资。三是当劳动者遇到疾病、灾难等紧急情况急需用钱时，劳动者有权要求用人单位提前支付其应得的工资。

3. **直接支付原则**

所谓直接支付原则，是指劳动者享有要求用人单位将工资直接支付给本人，由本人直接领取工资的权利，除非出现劳动者死亡等个别特殊情况，以保障劳动者能够直接领到应得的工资，避免第三方的中间盘剥或者父母强制儿童劳动并将其工资占为己有。如果用人单位将工资支付给第三人，劳动者仍然有权要求用人单位继续支付工资，用人单位可以向第三人追偿。

4. **全额支付原则**

对全额支付原则进行监督，即除了用人单位依法代扣代缴个人所得税、社会保险费用等法定特殊情况外，用人单位应当将工资全部支付给劳动者，禁止预扣、克扣工资或者要求劳动者以工资作为劳动担保，以保证劳动者能够按时领到其应得的全部工资。所谓预扣工资，是指用人单位在劳动者违约或损害赔偿责任确定之前，预先扣除部分工资作为将来可能发生的违约金或损害赔偿费用。所谓克扣，是指用人单位以违法的理由和手段，利用职权对劳动者的工资实施非法强制扣除。所谓工资担保，是指用人单位要求劳动者以工资的一部分或全部对劳动合同的正常履行进行担保。用人单位违反工资全额支付的情况还有：强制劳动者用工资进行储蓄、捐款、购买公司股票和债券，强制扣除部分工资用以支付本应由用人单位承担的工作服或劳动保护费用等。

（三）对落实同工同酬的监督

所谓同工同酬，是指从事相同工作或同等价值工作的劳动者有权获得相同的工资。同工同酬是国际社会普遍认同的关于工资分配的一项重要原则，也是《世界人权宣言》《经济、社会、文化权利国际公约》明文确认的一项基本人权，国际劳工组织还制定了《男女同值工作同酬公约》和相应的建议书。坚持同工同酬原则，充分体现了我国公民在法律面前一律平等，也是实行按劳分配原则的具体体现。只有坚持同工同酬原则，才能保证我国公民工资权的真正实现。但是由于各方面的原因，目前我国劳动者同工同酬权受侵害的现象相当严重，包括男工与女工、城镇职工与农民工、本单位职工与劳务派遣工同工不同酬等。工会对同工同酬原则及其执行情况进行监督，主要包括两个方面：

1. 同工同酬原则的贯彻与执行

一是男女同工同酬，例如，《宪法》第四十八条规定，国家保护妇女的权利和利益，实行男女同工同酬，培养和选拔妇女干部。二是在编职工与非在编职工同工同酬。例如，《劳动合同法》第六十三条规定，被派遣劳动者享有与用工单位的劳动者同工同酬的权利。用工单位应当按照同工同酬原则，对被派遣劳动者与本单位同类岗位的劳动者实行相同的劳动报酬分配办法。

2. **劳动合同对工资数额约定不明确时相关问题的处理**

根据《劳动合同法》第十一条、第十八条的规定，劳动合同对劳动报酬约定不明确的，可以重新协商；协商不成的，且没有集体合同或者集体合同未规定的，适用同工同酬规定处理。

（四）对落实最低工资制度的监督

所谓最低工资，是指国家依法规定的，劳动者在法定工作时间或劳动合同依法约定的工作时间内提供了正常劳动的前提下，用人单位支付给劳动者的工资必须达到的法定最低限额。我国《劳动法》第四十八条规定，国家实行最低工资保障制度，用人单位支付劳动者的工资不得低于当地最低工资标准。最低工资制度是国家干预劳动关系的重要手段，国家设立最低工资制度的目的是保证劳动者能够获得维持生存的最低限度的工资，保障最低限度的生活。

工会对用人单位执行最低工资制度的情况进行监督，主要体现在以下几个方面：

1. **关于最低工资的来源或组成部分**

最低工资以劳动者在法定工作时间内或劳动合同依法约定的工作时间内提供了正常劳动为前提条件。所谓法定工作时间，就是法定工时。所谓正常劳动，指劳动者根据依法签订的劳动合同的约定，在法定工作时间或劳动合同约定的工作时间内从事的劳动。劳动者在法定工作时间内提供了正常劳动，用人单位就应当支付不低于最低工资标准的工资。如果劳动者在法定工作时间或劳动合同约定的工作时间之外提供了超额劳动，或者在劳动场所、方式、环境发生了不利于劳动者的变化的情况下提供了劳动，劳动者得到了额外的劳动报酬，则不能计算在最低工资的组成部分以内。如加班工资，特殊工作环境、条件下的津贴，法律、法规和国家规定的劳动者福利待遇等应剔除。实行计件工资或提成工资等工资形式的用人单位，在科学合理的劳动定额基础上，其支付劳动者的工资不得低于相应的最低工资标准。

2. **用人单位支付的工资不得低于当地最低工资标准**

最低工资制度是劳动基准法的重要组成部分。所谓基准，就是“最低的标准”；所谓劳动基准法，就是国家规定最低劳动条件的法律规范的总称。作为劳动基准法的组成部分，最低工资标准由国家直接规定，而不是由劳资双方自行协商确定。劳动合同或集体合同约定的工资标准不得低于最低工资标准，否则无效，并改按最低工资标准执行；劳动合同或集体合同约定的工资标准高于最低工资标准的，该约定有效，按劳动合同或集体合同的约定执行。

3. 当地最低工资标准发生变化时，用人单位应当及时调整工资

最低工资的具体标准由省、自治区、直辖市人民政府规定，报国务院备案。确定和调整最低工资标准应当综合参考下列因素：劳动者本人及平均赡养人口的最低生活费用；社会平均工资水平；劳动生产率；就业状况；地区之间经济发展水平的差异。最低工资标准发布实施后，如果相关因素发生变化的，应当适时调整。最低工资标准每两年至少调整一次。当地最低工资标准发生变化的，如果用人单位支付的工资低于调整后的最低工资标准的，工会应当及时提醒用人单位改按调整后的最低工资标准执行。

4. 用人单位工资支付行为违法的，工会有权要求当地劳动保障行政部门查处

县级以上地方人民政府劳动保障行政部门负责对本行政区域内用人单位执行最低工资的情况进行监督检查。用人单位未按照劳动合同的约定或者国家规定及时足额支付劳动报酬的，或者低于当地最低工资标准支付劳动者工资的，由当地劳动保障行政部门责令其限期足额支付，逾期不支付的，责令用人单位按应付金额百分之五十以上百分之一百以下的标准向劳动者加付赔偿金。各级工会组织依法对用人单位工资支付情况进行监督，发现用人单位有工资支付违法行为的，有权要求当地劳动保障行政部门处理。

2019 年 12 月 30 日，国务院总理李克强签署第 724 号国务院令，公布了《保障农民工工资支付条例》（以下简称《条例》），自 2020 年 5 月 1 日起施行。《条例》第五十一条明确了工会的监督责任：工会依法维护农民工工资权益，对用人单位工资支付情况进行监督；发现拖欠农民工工资的，可以要求用人单位改正，拒不改正的，可以请求人力资源社会保障行政部门和其他有关部门依法处理。根据《条例》要求，工会监督的重点是：

一是农民工实行实名制管理。《条例》第六条规定，用人单位实行农民工劳动用工实名制管理，与招用的农民工书面约定或者通过依法制定的规章制度规定工资支付标准、支付时间、支付方式等内容。第二十八条就工程建设领域使用农民工进一步规定，未与施工总承包单位或者分包单位订立劳动合同并进行用工实名登记的人员，不得进入项目现场施工。否则，由人力资源社会保障行政部门、相关行业工程建设主管部门按照职责责令限期改正；逾期不改正的，责令项目停工，并处5万元以上10万元以下的罚款；情节严重的，给予施工单位限制承接新工程、降低资质等级、吊销资质证书等处罚。

二是编制书面工资支付台账并至少保存3年。《条例》第十五条规定，用人单位应当按照工资支付周期编制书面工资支付台账，并至少保存3年。关于未编制书面工资支付台账的法律后果，在行政管理方面，《条例》第五十四条规定由人力资源社会保障行政部门责令限期改正。逾期不改正的，对单位处2万元以上5万元以下的罚款，对法定代表人或者主要负责人、直接负责的主管人员和其他直接责任人员处1万元以上3万元以下的罚款。

三是建立总包代发、农民工工资专用账户保障工资发放制度。《条例》规定，施工总承包单位要开设专项用于农民工工资支付的银行账户，通过专用账户直接将工资发到农民工本人的银行账户，确保工资发到本人的手里。从源头上将人工费用从工程款剥离出来，确保人工费优先拨付到位，防止人工费与材料费、管理费等资金混同或者被挤占。

四是拖欠工资先垫付先清偿。《条例》第二十九条第二款规定，因建设单位未按照合同约定及时拨付工程款导致农民工工资拖欠的，建设单位应当以未结清的工程款为限先行垫付被拖欠的农民工工资。

五是建设单位的资金保障。《条例》要求建设单位提供工程款支付担保、人工费用拨付周期不得超过1个月。没有专项资金不得开工建设，不予颁发施工许可证，政府项目不得垫资。

六是建立劳动保障守法诚信档案。《条例》第四十七条明确对用人单位及相关责任人建立劳动保障守法诚信档案，对用人单位开展守法诚信等级评价。用人单位有严重拖欠农民工工资违法行为的，可以通过召开新闻发布会等形式向媒体公开曝光。

（五）对职工福利待遇落实情况的监督

1. 职工集体福利

职工的集体福利，一般指对全体职工逢年过节和生日、婚丧、退休的慰问等。《福建省基层工会经费收支管理实施办法》（闽工〔2018〕158号）的规定，职工享有以下集体福利。

（1）逢年过节慰问品。基层工会逢年过节可以向全体工会会员发放节日慰问品，每位会员年度总额不超过1800元，先从基层单位行政按工资总额2%足额提取拨缴的工会经费的留成部分中列支，不足部分可向行政申请经费补助。逢年过节的年节是指国家规定的法定节日，即元旦、春节、清明节、劳动节、端午节、中秋节和国庆节。节日慰问品原则上为符合中国传统节日习惯的用品和职工必需的生活用品等，如月饼、粽子、米、面、油、肉、蛋、奶、水果、干果及日常生活用品等。基层工会可结合实际采取便捷灵活的发放方式，可发放指定商家指定物品的领取券，但不可发放现金和购物卡。

（2）生日慰问。在工会会员生日时可以发放不超过300元的生日蛋糕等实物慰问品，含指定蛋糕店的蛋糕券。

（3）结婚和生育慰问。在工会会员结婚、符合政策生育时，可以给予不超过1000元的慰问金或慰问品，生育的男方会员和女方会员可同时慰问。

（4）退休慰问。在工会会员退休时，可以发放不超过1000元的纪念品。

（5）生病慰问。工会会员生病住院或因重大疾病（按社会医保统筹的界定标准）未住院的，可给予不超过1000元的慰问金或慰问品（含水果、花篮等）。

（6）死亡慰问。工会会员去世时，可给予其家属不高于2000元的慰问金；其直系亲属（限于配偶、父母、子女）去世时，可给予不高于1000元的慰问金。工会会员或其直系亲属去世，除给慰问金外，可另外凭据报销不高于200元的花圈费用。工会会员岳父母、公婆去世时，可凭据报销不高于200元的花圈费用。

除此之外，基层工会可以组织会员观看电影、文艺演出和体育比赛等，开展春游秋游，为会员购买当地公园年票。

2. 组织职工参加疗休养活动

职工疗休养是劳动者休养生息的福利事业，是我国社会保障体系的重要组成部分。参加工会组织的疗休养活动，是职工依法享有的具体劳动经济权益。《劳动法》第七十六条规定，国家发展社会福利事业，兴建公共福利设施，为劳动者休息、休养和疗养提供条件。《中国工会章程》第三条规定，工会会员享有工会提供的文化、教育、体育、旅游、疗休养、互助保障、生活救助、法律服务、就业服务等优惠待遇，工会给予的各种奖励。各级各有关部门要从贯彻落实党的全心全意依靠工人阶级根本方针、建设新时期产业工人队伍的高度，充分认识做好职工疗休养工作的必要性和重要性，支持工会依法合规地组织开展职工疗休养工作，促进职工身心健康，更好地满足广大职工对美好生活的追求。

（1）参加职工疗休养活动对象。职工疗休养对象为一线在职职工（含农民工和机关事业单位一线干部职工）。可优先安排以下四类对象：①优秀技术工人；②长期接触有毒有害因素的职工；③苦、脏、累、险等艰苦岗位作业职工；④患职业病的职工。

（2）职工疗休养活动内容。职工疗休养活动坚持身心健康一体化理念，以休息疗养、康复治疗、健康体检为主，可以适当组织参观考察免费的革命传统教育基地、先进企业及社区、市镇建设新貌、社会主义新农村（美丽乡村）、观光工厂、博物馆、纪念馆等。

（3）职工疗休养活动经费安排。县以上各级工会组织开展职工疗休养活动所需经费列入工会经费年度支出预算。基层工会使用职工福利费等组织职工开展疗休养活动。鼓励企业在财务承受范围内，在成本费用中据实列支有关职工疗休养费用。

（六）注意事项

1. 工资劳动法律监督工作中的注意事项

工资是工会劳动法律监督的重要内容，工会劳动法律监督的范围涉及工资支付原则、同工同酬原则、最低工资标准等工资支付的所有领域。在实践中，工会做好工资劳动法律监督工作，需要注意和处理好以下关系：

（1）直接监督与参与监督的关系。

对用人单位工资情况开展执法检查，既是各级政府劳动保障行政部门的权力，也是其义务。工会组织除了积极主动对用人单位工资支付情况开展劳动法律监督活动外，还应当积极参与劳动保障行政部门开展的工资支付执法检查活动。

（2）源头监督与过程监督的关系。

过程监督，主要是工会对用人单位工资支付情况所开展的监督，是一种事中或事后监督。源头监督，是指工会依法从制度设计层面做好劳动者劳动报酬权的保护工作，提高劳动保障水平。例如，根据《最低工资规定》第八条规定，最低工资标准的确定和调整方案，由省、自治区、直辖市人民政府劳动保障行政部门会同同级工会、企业联合会/企业家协会研究拟订，并将拟订的方案报送劳动保障部。又如，根据《劳动合同法》第四条规定，用人单位在制定、修改或者决定有关劳动报酬、工作时间、休息休假、劳动安全与卫生、保险福利、职工培训、劳动纪律及劳动定额管理等直接涉及劳动者切身利益的规章制度或者重大事项时，应当经职工代表大会或者全体职工讨论，提出方案和意见，与工会或者职工代表平等协商确定。工会应当通过职工代表大会等形式，积极组织职工讨论，提出方案和意见，要求用人单位纠正违法或明显不利于劳动者的规定，保障劳动者的合法权益。

（3）劳动基准与意思自治的关系。

在劳动关系中，关于工资支付原则、同工同酬原则、最低工资规定等均属于劳动基准法的重要组成部分。用人单位是否严格遵守工资支付劳动基准，既是劳动保障监察的重点，也是工会劳动法律监督的重点。至于工资支付水平，如果劳动合同约定的劳动者在法定工作时间提供正常劳动所获得的工资已经高于最低工资标准的，则应当尊重当事人的意思自治，法律一般不认为该约定无效。

2. 职工福利待遇落实过程中的注意事项

基层单位职工体检、职工食堂、职工和劳模疗休养、职工教育、行政方面的表彰等工作，属单位行政的福利费、教育经费、商品和服务支出等支出范围。受单位行政委托，基层工会组织可协助或承办上述工作，但经费由行政负担。

3. 组织职工疗休养活动中的注意事项

（1）职工疗休养所占用的工作日，不得抵充国务院规定的职工带薪年休假假期。

（2）职工疗休养活动一般仅限于省内开展，一期只能选择一个疗休养场所，应优先选择工会系统的休养院所和基地，原则上住宿地点不变。每期落地疗休养时间不超过 5 天（不含报到、返程时间），活动组织单位工作人员比例不超过疗休养人数的 10%。基层工会每年组织职工疗休养人数不超过本单位职工的五分之一。

（3）职工参加疗休养的往返交通费由所在单位按乘坐交通工具的等级凭据报销，不可报销补贴费用。

附 | 本节重点条文

《宪法》第四十八条

《劳动法》第四十六条、第四十八条、第四十九条、第五十条、第五十一条、第九十一条

《劳动合同法》第十一条、第十八条、第二十条、第六十三条、第七十二条、第七十四条、第八十五条

《工会法》第二十二条

《劳动保障监察条例》第七条、第十一条

《劳动合同法实施条例》第十四条、第十五条

《最低工资规定》第四条、第八条、第十条

《工资支付暂行规定》第五条、第六条、第七条、第八条、第九条、第十一条、第十二条、第十三条

《关于工资总额组成的规定》第四条、第十一条

五、工作时间与休息休假

根据《宪法》第四十三条的规定，劳动者有休息的权利，国家发展劳动者休息和休养的设施，规定职工的工作时间和休假制度。目前，我国法律法规对劳动者享有每周公休假日、法定节假日、探亲假和年休假等权利都做了详细的规定，这些规定的目的是保证劳动者有一定的休息时间，保障劳动者休息权，保护劳动者身体健康，提高工作效率，从而充分调动劳动者的积极性和创造性。但是，在非公有制企业，劳动者超时工作且未按标准支付加班工资的现象还存在，带薪年休假也没有得到很好落实，各级工会应当在这些方面加强监督，保障劳动者休息休假的权利。

（一）对落实工时制度的监督

1. 标准工时制度和特殊工时制度

工时制度即工作时间制度，可分为标准工时制度和特殊工时制度。

（1）标准工时制度。

现行的标准工时制度由1995年5月1日起施行的《国务院关于职工工作时间的规定》明确确立。按照标准工时制度，职工每日工作八小时，每周工作四十小时。国家机关、事业单位实行统一的工作时间，以星期六和星期日为周休息日。企业和不能实行标准工时制度的事业单位，可以根据实际情况灵活安排周休息日。标准工时制度在各用人单位的适用最为广泛，绝大多数普通工作岗位上的职工均执行该工时制。

（2）特殊工时制度。

用人单位因工作性质或者生产特点限制，不能实行标准工时制度的，可按国家有关规定实行其他工作和休息办法，也就是特殊工时制度，主要包括缩短工时制、不定时工时制、综合计算工时制和计件工时制。

缩短工时制，是指工作时间少于标准时间的工时制度，即每日工作少于 8 小时、每周少于 40 小时。实行缩短工时制的岗位包括矿山井下、高山、严重有毒有害的岗位、国家规定第四级体力劳动强度的岗位、夜班作业岗位等。国家对哺乳期女职工和未成年工等也可实行缩短工时制。

不定时工时制，是指日工作时间或周工作时间不固定的工时制度。部分岗位因生产特点、工作特殊需要或职责范围的关系，适合实行不定时工作制的，可报劳动行政部门审批后实行。按照原劳动部《关于实行不定时工作制和综合计算工时工作制的审批办法》规定，企业对无法按标准工作时间衡量的职工，如高级管理人员、外勤人员、推销人员、部分值班人员等，以及需要机动作业的职工，如长途运输司机、出租汽车司机和铁路、港口、仓库的部分装卸人员等，都可以实行不定时工作制。

综合计算工时制，是指以周、月、季、年等为周期综合计算工作时间，周期内平均每日工作时间应与标准工时制基本相同的制度。实行综合计算工时制的岗位包括因工作性质特殊需连续作业的行业，如交通、铁路、邮电、水运、航空、渔业等，以及受季节和自然条件限制的行业，如地质及资源勘探、建筑、制盐、制糖、旅游等。实践中，部分生产存在淡旺季之分的行业和服务型行业也实行综合计算工时制。

计件工时制，是指以完成一定工作量来确定工作时间的制度，其劳动报酬不以工作时间而以工作量为计算基数。实践中，许多机械制造企业和服装加工企业，对车间流水线作业岗位实行计件工时制，工作时间不执行标准工作时间，而按照计件任务完成情况灵活确定。

2. 对工作时间的监督

实践中，用人单位违反工时制度的情况较为多见，又以超时加班问题最为突出。许多用人单位为完成订单工作量，往往采取压低基本工资的方法诱使职工加班挣钱，超时加班影响职工休息生活，损害其身心健康。根据《劳动法》第四十一条规定，法律对加班时间有上限要求，除法律规定的特殊情形外，用人单位安排职工加班一日超过三小时，一个月超过三十六小时的，即属于违反工时制度的违法行为，应承担违法责任。

对于用人单位违反工时制度的行为，工会可采取以下措施为劳动者维权：

（1）从规范企业规章制度方面进行源头维护。

积极参与企业规章制度的制定，在规章制度上明确员工的工作时间，每天加班时间不超过三小时，每月加班总计不超过三十六小时，至少每周安排职工休息一天。在落实过程中，在加班事项上与用人单位协商，严格把关。非属必要或职工反对的，应拒绝加班安排；如果确需加班，应督促用人单位把握好加班时长，且必须依法支付加班工资。

（2）通过发放“一函两书”的方式进行规范。

平时要深入了解企业工时制度实施情况，对发现的超时加班问题可向企业发放劳动法律监督提示函，要求企业整改；企业不整改的，提请本级工会或上级工会向用人单位发放劳动法律监督意见书，或者提请地方总工会向同级人力资源和社会保障等有关部门发出建议书，提请其查处。《劳动法》第九十条规定，用人单位违反本法规定，延长劳动者工作时间的，由劳动行政部门给予警告，责令改正，并可以处以罚款。

（3）提高劳动者的维权意识。

督促职工提高对自身休息权和健康权的重视，向职工说明超时加班对身心健康的危害。崇尚奋斗不等于强制“996”。要指导职工在遇到企业强制安排超时加班时自觉抵制、拒绝配合。

3. 对加班工资的监督

（1）标准工时下的加班工资支付。

用人单位因工作需要，必须安排劳动者加班的，应按照国家规定向劳动者支付加班费。根据《劳动法》第四十四条的规定，加班费数额按下列标准核发：一是安排劳动者延长工作时间的，加班费不低于正常工资的150%。二是休息日安排劳动者工作又不能安排补休的，加班费不低于正常工资的200%。三是法定休假日安排劳动者工作的，加班费不低于正常工资的300%。

（2）计件工时制下的加班工资支付。

《劳动法》第三十七条规定，对实行计件工作的劳动者，用人单位应当根据本法第三十六条规定的工时制度合理确定其劳动定额和计件报酬标准。从该条规定可知，虽然在计件工时制下，劳动者劳动报酬与计件定额挂钩，但归根结底还是以标准工时制度为确立依据，即用人单位应参照标准工时制度下劳动者的平均熟练程度，合理制定计件定额和报酬标准。

（3）综合计算工时制下的加班工资支付。

综合计算工时制以周、月、季、年为周期计算工作时间，但职工平均周、月、季、年工作时间与标准工时制相同。根据原劳动部《关于职工全年月平均工作时间和工资折算问题的通知》，职工平均工作时间应不超过8小时/天、40小时/周、166.64小时/月（20.83天/月）、500小时/季（62.5天/季）和2000小时/年（250天/年）。超出部分属于延长工作时间，用人单位须支付加班费用。具体可分为以下两种情形：

第一，总工作时数未超过标准工时的加班工资。根据原劳动部《关于贯彻执行〈中华人民共和国劳动法〉若干问题的意见》第六十二条规定，实行综合计算工时工作制的企业职工，工作日正好是周休息日的，属于正常工作；工作日正好是法定节假日的，要依照劳动法第四十四条第（三）项的规定支付职工的工资报酬。

第二，总工作时数超过标准工时的加班工资。根据原劳动部《关于职工工作时间有关问题的复函》第五条的规定，在综合计算周期内某一具体日（或周）的实际工作时间可以超过8小时（或40小时），但综合计算周期内的总实际工作时间不应超过总法定标准工作时间，超过部分应视为延长工作时间，并应当按《劳动法》第四十四条第一款的规定支付加班工资报酬（本人工资的150%），其中法定休假日安排劳动者工作的，按《劳动法》第四十四条第三款的规定支付工资报酬。另外，延长工作时间的小时数平均每月不得超过36小时。

值得注意的是，部分企业实行综合计算工时制，虽然员工工作总时长没有超时，但由于生产任务安排不科学，导致职工在某段时间内超强度劳动，对员工身体健康十分有害。这种做法虽未违法，但极不可取。根据相关政策规定，企业在实行综合计算工时制中采取何种工作方式，一定要与工会和劳动者协商，征得工会和劳动者的同意，并且注意劳逸结合，切实保障劳动者身体健康。对于第三级以上（含第三级）体力劳动强度的工作岗位，劳动者每日连续工作时间不得超过 11 小时，而且每周至少休息一天。

（4）不定时工作制下的加班工资支付。

在各类特殊工时制中，不定时工作制相比较而言最为特殊。根据《关于贯彻执行〈中华人民共和国劳动法〉若干问题的意见》第六十七条的规定，经批准实行不定时工作制的职工，不受《劳动法》第四十一条规定的日延长工作时间标准和月延长工作时间标准的限制。根据《工资支付暂行规定》第十三条的规定，实行不定时工时制度的劳动者，不执行 150%、200%和 300%的加班工资规定。即国家对不定时工作制的职工的加班时数不设统一上限规定，对加班工资的计算也不执行现有加班工资的规定。这就使得执行不定时工作制职工的劳动权益相对弱化。

对于实行不定时工作制的劳动者，工会应在以下几方面开展监督：

第一，要核实企业实行不定时工作制是否经过批准。根据原劳动部《关于企业实行不定时工作制和综合计算工时工作制的审批办法》第七条的规定，中央直属企业实行不定时工作制和综合计算工时工作制等其他工作和休息办法的，经国务院行业主管部门审核，报国务院劳动行政部门批准。地方企业实行不定时工作制和综合计算工时工作制等其他工作和休息办法的审批办法，由各省、自治区、直辖市人民政府劳动行政部门制定，报国务院劳动行政部门备案。因此，用人单位工作岗位只有在符合法律规定且报经相关政府部门审批通过的情况下，才能实行不定时工作制，否则均按标准工作制执行。

第二，要通过签订劳动合同，明确约定权利义务。劳动者应与企业就休息时间、工资福利、上班时间、超出工作时限的加班费等事项进行详细约定，确保用人单位根据标准工时制度合理确定其劳动定额或考核标准，按照合理制度计发劳动报酬，并采用弹性工作时间等适当的工作和休息方式，确保其休息休假权利和生产、工作任务的完成。此外，还要督促用人单位执行地方性法规中关于不定时工作制的具体规定。

（二）对休息休假制度的监督

1. 休息时间

休息时间是指法律所规定的劳动者所享有的不必从事生产和劳动而自行支配的时间。劳动者享有的休息时间主要包括工作日内的休息时间、工作日间的休息时间、休息日、休假等。劳动者在达到一定劳动强度之后需要通过休息来调剂心理，弥补身体的消耗，再次投入劳动中，休息时间能够保证劳动者的身心健康，满足劳动者日益增长的美好生活需要。

2. 休假

休假是指劳动者免于工作并享受工资保障的法定休息时间。休假是休息时间的重要组成部分。休假的主要种类和内容如下：

（1）法定节假日，是指根据国家、民族的传统习俗而由法律规定的在节日实行的休假。根据《劳动法》第四十条的规定，用人单位在下列节日期间应当依法安排劳动者休假：元旦，春节，国际劳动节，国庆节，法律、法规规定的其他休假节日。

根据国务院《全国年节及纪念日放假办法》第二条的规定，全体公民放假的节日为：新年（元旦，1天），春节（农历正月初一、初二、初三，3天），清明节（农历清明当日，1天），劳动节（5月1日，1天），端午节（农历端午当日，1天），中秋节（农历中秋当日，1天），国庆节（10月1—3日，3天）。全体公民放假的假日，如果适逢星期六、星期日，应当在工作日补假。

（2）带薪年休假，是指劳动者按照法律规定工作满一定期限后，每年享有的保留原职和带薪休息的连续假期。《劳动法》第四十五条规定，国家实行带薪年休假制度。劳动者连续工作一年以上的，享受带薪年休假。具体办法由国务院规定。

机关、团体、企业、事业单位、民办非企业单位、有雇工的个体工商户等单位的职工连续工作1年以上的，享受带薪年休假（以下简称年休假）。单位应当保证职工享受年休假。职工在年休假期间享受与正常工作期间相同的工资收入。具体年休假的时间为：职工累计工作已满1年不满

10 年的，年休假 5 天；已满 10 年不满 20 年的，年休假 10 天；已满 20 年的，年休假 15 天。国家法定休假日、休息日、职工依法享受的探亲假、婚丧假、产假以及因工伤停工留薪期间都不计入年休假的假期。单位确因工作需要不能安排职工休年休假的，经职工本人同意，可以不安排职工休年休假。对职工应休未休的年休假天数，单位应当按照该职工日工资收入的 300% 支付年休假工资报酬。

（三）注意事项

1. 实行不定时工作制应经过劳动行政部门审批

用人单位工作岗位只有在符合法律规定且报经劳动行政部门审批通过的情况下，才能实行不定时工作制和综合计算工时工作制，否则均按照标准工时制执行。工会在维护不定时工作制劳动者权益时，要着重监督两方面内容：一是实行不定时工作制是否经过批准，二是劳动合同的相关约定是否合法。劳动合同中应有工资福利、上班时间、休息时间、加班费等事项的详细约定，确保用人单位根据标准工时制度合理确定其劳动定额或考核标准，合理发放劳动报酬，并采用弹性工作时间等适当的工作方式和休息方式，确保劳动者休息休假权利的落实。

2. 实行计件工时制也应依法发放加班工资

实践中，部分用人单位以实行计件工时制为由，拒绝向劳动者支付加班工资，或者是制定了明显偏高的劳动定额标准，使得大部分劳动者在标准工作时间内根本完不成计件定额。用人单位又以未完成任务为由，不承认劳动者在标准工作时间之外的工作为加班。这些做法都违反了法律规定。

根据原劳动部 1994 年颁布的《工资支付暂行规定》第十三条第三款的规定，实行计件工资的劳动者，在完成计件定额任务后，由用人单位安排延长工作时间的，应根据工作日、休息日、法定节假日加班工资标准，分别按照不低于其本人法定工作时间计件单价的 150%、200% 和 300% 支付其工资。由此可知，实行计件工时制与支付加班工资并不冲突。但计件加班工资不按工作时间计算，而是按完成件数计算。具体来说，在劳动者完成计件定额后，在工作日8小时以外继续生产的超额部分计件单价按原价150%计算，休息日以200%计算，法定节假日则以300%计算。因此，实行计件工时制的企业，对标准工作时间以外的超额产量应调整计件工资单价，体现为加班工资。但是，对在标准工作时间内超额完成的计件数量，一般不上调计件单价，可以通过实施内部奖励，鼓励劳动者提高生产效率。

3. 对于未休年休假的劳动者应支付年休假工资报酬

实践中，许多企业没有严格执行年休假制度，特别是对年中离职的劳动者，常以其工作未满1年为由，既不安排年休假，也不给予3倍工资补偿。实际上，根据《企业职工带薪年休假实施办法》第十条的规定，按照其日工资收入的300%支付未休年休假工资报酬，其中包含用人单位支付职工正常工作期间的工资收入。因此，对于离职职工，应根据其离职前当年工作天数计算出应休未休年假天数，并支付相应天数的报酬，日工资收入按照职工本人月工资除以月计薪天数（21.75天）进行折算。用人单位既不安排职工休年假，也不支付未休年休假工资报酬的，由县级以上地方人民政府劳动行政部门依据职权责令限期改正；对逾期不改正的，除责令该用人单位支付未休年休假工资报酬外，用人单位还应当按照未休年休假工资报酬的数额向职工加付赔偿金；对拒不执行支付未休年休假工资报酬、赔偿金的行政处理决定的，由劳动行政部门申请人民法院强制执行。

附 | 本节重点条文

《劳动法》第三十六条、第三十七条、第三十八条、第三十九条、第四十一条、第四十三条、第四十四条、第四十五条、第九十条、第九十一条

《劳动合同法》第四条

《国务院关于职工工作时间的规定》第二条、第三条、第五条、第六条

《职工带薪年休假条例》第二条、第三条、第五条

《企业职工带薪年休假实施办法》第六条、第九条、第十条、第十一条、第十二条、第十三条、第十四条、第十五条

《工资支付暂行规定》第十三条

六、社会保险

社会保险是最基本的社会保障制度。2010 年 10 月 28 日，《社会保险法》经第十一届全国人大常委会第十七次会议审议通过，于 2011 年 7 月 1 日起施行。《社会保险法》首次以法律的形式确立了我国覆盖城乡全体居民的社会保险体系，规定了用人单位、劳动者和社会保险经办机构相关各方的权利和义务，推动社会保险制度建设进入法治化轨道。特别是首次在国家法律层面从人大监督、行政监督、社会监督三个方面，建立了比较完善的社会保险监督体系，工会在社会监督方面居于不可或缺的地位，在推动社会保险事业健康发展中发挥着重要作用。

《社会保险法》对工会在维护职工社会保险权益过程中应当发挥的作用作了明确的规定：一是工会有权参与社会保险重大事项的研究，主要是指国家机关在制定或者修改涉及职工切身利益的有关社会保险的法律法规和规章时，应当听取工会的意见。这样就保障了工会从源头参与维护职工社会保险权益。二是参加社会保险监督委员会，代表职工参与社会保险基金的管理运营过程，反映职工的意见和建议，维护职工的社会保险权益。三是通过职工代表大会、集体合同、劳动合同等载体进行监督，发现用人单位有侵犯职工社会保险权益的行为时，有权提出处理意见。

（一）对用人单位在社会保险关系中履行义务的监督

社会保险具有强制性，缴纳社会保险费是用人单位和劳动者的法定义务。社会保险关系中用人单位的权利义务主要有以下内容。

用人单位主要有以下权利：有权向社会保险经办机构查询缴费记录，要求社会保险经办机构提供社会保险咨询等相关服务。与用人单位相对应，职工主要有以下权利：一是依法享受社会保险待遇。二是有权监督本单位为其缴费情况。三是有权向社会保险经办机构查询缴费记录和享受社会保险待遇记录，要求社会保险经办机构提供社会保险咨询等相关服务。

用人单位主要有以下义务：一是缴费义务。职工基本养老保险、职工基本医疗保险、失业保险的缴费义务由用人单位和职工共同承担，工伤保险、生育保险的缴费义务全部由用人单位承担。二是登记义务。用人单位应当自成立之日起30日内凭营业执照、登记证书或者单位印章，向当地社会保险经办机构申请办理社会保险登记；用人单位应当自用工之日起30日内为其职工向社会保险经办机构申请办理社会保险登记；等等。三是申报和代扣代缴义务。用人单位应当自行申报、按时足额缴纳社会保险费，非因不可抗力等法定事由不得缓缴、减免。职工应当缴纳的社会保险费由用人单位代扣代缴，用人单位应当按月将缴纳社会保险费的明细情况告知本人。

如果用人单位不办理社会保险登记，由社会保险行政部门责令限期改正；逾期不改正的，对用人单位处以应缴社会保险费数额一倍以上三倍以下的罚款，对其直接负责的主管人员和其他直接责任人员处500元以上3000元以下的罚款。用人单位不按时足额缴纳社会保险费的，由社会保险费征收机构责令限期缴纳或者补足，并自欠缴之日起，按日加收万分之五的滞纳金，逾期仍不缴纳的，由有关行政部门处欠缴数额一倍以上三倍以下的罚款。

（二）对职工参加企业职工基本养老保险的监督

根据《社会保险法》《劳动法》《劳动合同法》等相关规定，我国劳动者目前享有的社会保险种类主要包括：基本养老保险、基本医疗保险、工伤保险、失业保险和生育保险五种，简称“五险”。

就养老保险而言，我国企业职工的养老保险制度在20世纪50年代建立，在养老保险制度改革前，我国的职工养老保险完全由国家、企业承担。从1991年起，我国逐步建立基本养老保险，并规定职工个人也要缴纳一定的费用。特别是2005年《国务院关于完善企业职工基本养老保险制度的决定》出台之后，养老保险制度逐步完善，覆盖范围逐步扩大。根据《社会保险法》的规定，养老保险由基本养老保险、新型农村社会养老保险和城镇居民养老保险组成。2014年，国务院颁布《关于建立统一的城乡居民基本养老保险制度的意见》（国发〔2014〕8号），决定将新型农村社会养老保险和城镇居民养老保险两项制度合并实施，建立城乡居民养老保险。

《社会保险法》第十条规定，职工应当参加基本养老保险，由用人单位和职工共同缴纳基本养老保险费。无雇工的个体工商户、未在用人单位参加基本养老保险的非全日制从业人员以及其他灵活就业人员可以参加基本养老保险，由个人缴纳基本养老保险费。基本养老保险缴费基数为职工本人上一年度的平均工资。实践中，各地对缴费基数的上限和下限均有规定，具体金额每年都会根据社会平均工资的调整而有所变化。用人单位应当及时了解最新的缴费基数，每年予以调整。

（三）对参加城镇职工基本医疗保险的监督

我国建立城镇职工基本医疗保险制度是从1999年开始启动的，当时建立城镇职工基本医疗保险制度的原则是基本医疗保险水平要与社会主义初级阶段生产力发展水平相适应；城镇所有用人单位及其职工都要参加基本医疗保险，基本医疗保险费用由用人单位和职工双方共同负担。基本医疗保险由职工基本医疗保险、新型农村合作医疗和城镇居民基本医疗保险组成。由于我国各地经济发展不一，用人单位和劳动者对社会保险承担的缴纳比例是不同的，是由各个省、自治区、直辖市根据当地的具体情况制定的。目前，基本医疗保险费的征缴范围为：国有企业、城镇集体企业、外商投资企业、城镇私营企业和其他城镇企业及其职工，国家机关及其工作人员，事业单位及其职工，民办非企业单位及其职工，社会团体及其专职人员。

基本医疗保险的缴费基数为职工本人上一年度的平均工资，但缴费比例各地有所不同。通常情况下，用人单位和职工正常参保并按时缴费的，职工从缴费的次月开始享受基本医疗保险待遇。用人单位或者职工不按时缴纳医疗保险费的，职工停止享受医疗保险待遇，足额补缴后方可继续享受。欠费期间发生的费用不能报销。

参加职工基本医疗保险的个人，达到法定退休年龄时累计缴费达到国家规定的年限，退休后不再缴纳基本医疗保险费，按照国家规定享受基本医疗保险待遇；未达到国家规定年限的，可以缴费至国家规定年限。

（四）对参加工伤保险的监督

《社会保险法》第三十三条规定，职工应当参加工伤保险，由用人单位缴纳工伤保险费，职工不缴纳工伤保险费。国家根据不同行业的工伤风险程度确定行业的差别费率，并根据使用工伤保险基金、工伤发生率等情况在每个行业内确定费率档次。行业差别费率和行业内费率档次由国务院社会保险行政部门制定，报国务院批准后公布施行。

1. 工会对工伤职工合法权益的维护

根据《工伤保险条例》第十七条的规定，职工发生事故伤害或者按照职业病防治法的规定被诊断、鉴定为职业病，所在单位应当自事故伤害发生之日或者被诊断、鉴定为职业病之日起30日内，向统筹地区社会保险行政部门提出工伤认定申请。遇有特殊情况，经报社会保险行政部门同意，申请时限可以适当延长。用人单位未按前款规定提出工伤认定申请的，工伤职工或者其直系亲属、工会组织在事故伤害发生之日或者被诊断、鉴定为职业病之日起1年内，可以直接向用人单位所在地统筹地区社会保险行政部门提出工伤认定申请。

如果用人单位没能在规定的时限内提交工伤认定申请，那么发生的工伤待遇等有关费用由该用人单位负担。工会可以帮助工伤职工，起诉用人单位要求其承担责任。

2. 工伤的认定

工伤，也称为职业伤害、工作伤害，是指劳动者在从事职业活动或者与职业活动有关的活动时所遭受的不良因素的伤害和职业病伤害。职工有以下情形之一的，应当认定为工伤：在工作时间和工作场所内，因工作原因受到事故伤害的；工作时间前后在工作场所内，从事与工作有关的预备性或者收尾性工作受到事故伤害的；在工作时间和工作场所内，因履行工作职责受到暴力等意外伤害的；患职业病的；因工外出期间，由于工作原因受到伤害或者发生事故下落不明的；在上下班途中，受到非本人主要责任的交通事故或者城市轨道交通、客运轮渡、火车事故伤害的；法律、行政法规规定应当认定为工伤的其他情形。其中，因工外出期间的认定，应当考虑职工外出是否属于用人单位指派的因工作外出，遭受的事故伤害是否因工作原因所致；非本人主要责任的认定，应当以有关机关出具的法律文书或者人民法院的生效裁决为依据。

还有几种情形也视同工伤：在工作时间和工作岗位，突发疾病死亡或者在48小时之内经抢救无效死亡的；在抢险救灾等维护国家利益、公共利益活动中受到伤害的；职工原在军队服役，因战、因公负伤致残，已取得革命伤残军人证，到用人单位后旧伤复发的。

需要特别强调的是，职工虽然有前面所说的情形之一，但是同时有下列情形之一的，不能被认定为工伤或者视同工伤：故意犯罪的；醉酒或者吸毒的；自残或者自杀的。其中，故意犯罪的认定，应当以司法机关的生效法律文书或者结论性意见为依据；醉酒或者吸毒的认定，应当以有关机关出具的法律文书或者人民法院的生效裁决为依据。无法获得上述证据的，可以结合相关证据认定。

3. **工伤赔偿的标准**

工伤赔偿是指工伤职工本人及其亲属、工亡职工亲属依法应当享受的待遇。《社会保险法》《工伤保险条例》等法律法规规定了工伤赔偿的项目和标准。未参加工伤保险期间用人单位职工发生工伤的，由该用人单位按照《工伤保险条例》规定的工伤保险待遇项目和标准支付费用。

工伤职工的工伤赔偿包括以下几类：

（1）医疗费。职工因工作遭受事故伤害或者患职业病进行治疗，享受工伤医疗待遇。治疗工伤所需费用符合工伤保险诊疗项目目录、工伤保险药品目录、工伤保险住院服务标准的，从工伤保险基金支付。

（2）伙食补助、交通、食宿费。职工住院治疗工伤的伙食补助费，以及经医疗机构出具证明，报社保经办机构同意，工伤职工到统筹地区以外就医所需的交通、食宿费用从工伤保险基金支付。

（3）辅助器具费。工伤职工因日常生活或者就业需要，经劳动能力鉴定委员会确认，可以安装假肢、矫形器、假眼、假牙和配置轮椅等辅助器具，所需费用按照国家规定的标准从工伤保险基金支付。

（4）康复治疗费。工伤职工到签订服务协议的医疗机构进行工伤康复的费用，符合规定的，从工伤保险基金支付。

（5）护理费。工伤职工已经评定伤残等级并经劳动能力鉴定委员会确认需要生活护理的，从工伤保险基金按月支付生活护理费。

（6）停工留薪。职工因工作遭受事故伤害或者患职业病需要暂停工作接受工伤医疗的，在停工留薪期内，原工资福利待遇不变，由所在单位按月支付。停工留薪期一般不超过12个月。伤情严重或者情况特殊，经设区的市级劳动能力鉴定委员会确认，可以适当延长，但延长不得超过12个月。工伤职工评定伤残等级后，停发原待遇，按照有关规定享受伤残待遇。工伤职工在停工留薪期满后仍需治疗的，继续享受工伤医疗待遇。

职工因工致残，可以根据伤残等级的不同，享受不同的待遇。具体规定是：

（1）职工因工致残被鉴定为一级至四级伤残的，保留劳动关系，退出工作岗位，按照《工伤保险条例》规定的标准享受一次性伤残补助金、伤残津贴等待遇。工伤职工达到退休年龄并办理退休手续后，由工伤保险基金补足差额；由用人单位和职工个人以伤残津贴为基数，缴纳基本医疗保险费。

（2）职工因工致残被鉴定为五级、六级伤残的，保留与用人单位的劳动关系，由用人单位安排适当工作，同时按照《工伤保险条例》的规定，享受一次性伤残补助金。如果难以安排工作的，由用人单位按月发给伤残津贴，并由用人单位按照规定为其缴纳应缴纳的各项社会保险费。经工伤职工本人提出，该职工可以与用人单位解除或者终止劳动关系，由工伤保险基金支付一次性工伤医疗补助金，由用人单位支付一次性伤残就业补助金。

（3）职工因工致残被鉴定为七级至十级伤残的，按照《工伤保险条例》的规定，享受一次性伤残补助金。当劳动或聘用合同期满终止时，或者职工本人提出解除劳动、聘用合同的，由工伤保险基金支付一次性工伤医疗补助金，由用人单位支付一次性伤残就业补助金。

如果职工因工死亡，其近亲属从工伤保险基金领取丧葬补助金、供养亲属抚恤金和一次性工亡补助金。其中，丧葬补助金为 6 个月的统筹地区上年度职工月平均工资；供养亲属抚恤金按照职工本人工资的一定比例发给由因工死亡职工生前提供主要生活来源、无劳动能力的亲属。标准为：配偶每月 40%，其他亲属每人每月 30%，孤寡老人或者孤儿每人每月在上述标准的基础上增加 10%。一次性工亡补助金标准为上一年度全国城镇居民人均可支配收入的 20 倍。

伤残职工在停工留薪期内因工伤导致死亡的，其近亲属享受丧葬补助金。一级至四级伤残职工在停工留薪期满后死亡的，其近亲属可以享受丧葬补助金、供养亲属抚恤金。

4. 非因工受伤或患病职工的待遇

非因工受伤或患病的职工，不享受工伤医疗待遇，而应按照基本医疗保险办法处理。根据原劳动部制定的《企业职工患病或非因工负伤医疗期规定》（劳部发〔1994〕479 号）的规定，企业职工因患病或非因工负伤，需要停止工作进行医疗时，根据本人实际参加工作年限和在本单位工作年限，给予不同的医疗期。在规定的医疗期内，用人单位不得以提前三十日书面形式通知劳动者本人或者额外支付劳动者一个月工资的形式解除劳动合同，也不能依照《劳动合同法》第四十一条的规定解除劳动合同。

5. 国家对特殊行业参加工伤保险的特别处理

建筑业属于工伤风险较高的行业，又是农民工集中的行业，为解决部分建筑施工企业安全管理制度不落实、工伤保险参保覆盖率低、一线建筑工人特别是农民工工伤维权能力弱、工伤待遇落实难等问题，国家要求建筑施工企业应依法参加工伤保险，对相对固定的职工，应按用人单位参加工伤保险，以工资总额为基数依法缴纳工伤保险费；对不能按用人单位参保、建筑项目使用的建筑业职工特别是农民工，按项目参加工伤保险，按照项目工程总造价的一定比例计算缴纳工伤保险费。

（五）对参加失业保险的监督

失业保险是由用人单位和职工按照国家规定共同缴纳失业保险费后，

当失业人员符合一定条件时，有权利从失业保险基金中领取失业保险金。根据《社会保险费征缴暂行条例》的规定，失业保险费的征缴范围包括国有企业、城镇集体企业、外商投资企业、城镇私营企业和其他城镇企业及其职工，事业单位及其职工。省、自治区、直辖市人民政府根据当地实际情况，可以规定将社会团体及其专职人员、民办非企业单位及其职工以及有雇工的城镇个体工商户及其雇工纳入失业保险的范围。

（六）对参加生育保险的监督

根据《社会保险法》的规定，生育保险由用人单位按照国家规定缴纳生育保险费，职工不缴纳生育保险费。用人单位已经缴纳生育保险费的，其职工享受生育保险待遇；职工未就业配偶按照国家规定享受生育医疗费用待遇。

1996 年，为落实《劳动法》和《企业职工生育保险试行办法》的规定，福建省人民政府制定了《福建省企业职工生育保险规定》，对生育保险的覆盖范围、管理服务、保障待遇、法律责任等方面进行了规范，此后在 1998 年进行了修改。2010 年，福建省人力资源和社会保障厅、地方税务局、财政厅联合制定《福建省医疗工伤生育保险费征缴管理业务规程（试行）》，从社会保险征缴范围、社会保险登记、社会保险缴费申报、社会保险费征收、社会保险费监督检查等方面对社会保险费征缴作出规范。2014 年，福建省人力资源和社会保障厅、财政厅出台《关于进一步加强生育保险工作的意见》，从生育保险适用范围、生育保险费率、生育保险基金管理、生育保险待遇、转移接续政策等方面提出了生育保险的具体实施意见。省政府转发了该意见。2015 年初，福建省人力资源和社会保障厅出台了《关于印发福建省职工生育保险关系转移接续办法的通知》，统一规范全省职工生育保险关系转移接续业务经办流程和标准。2019 年，福建省医保局、财政厅、国家税务总局福建省税务局联合下发《关于印发〈福建省全面推进生育保险与职工基本医疗保险合并实施工作方案〉的通知》，实现两险合并实施，做到参保同步登记、基金合并运行、征缴管理一致、监督管理统一、经办服务一体化。

用人单位生育保险缴费费率按政府规定的标准执行。

（七）社会保险争议的处理

职工与用人单位之间的社会保险争议，可以根据《社会保险法》《劳动争议调解仲裁法》的规定处理。用人单位与职工因社会保险发生劳动争议时，双方可以协商，职工也可以请求工会或者第三方共同与用人单位协商，达成和解协议；不愿协商、协商不成或者达成和解协议后不履行的，可以向劳动争议调解组织申请调解；不愿调解、调解不成或者达成调解协议后不履行的，可以向当地的劳动争议仲裁委员会申请仲裁。因执行国家的劳动标准在社会保险方面发生的争议，仲裁裁决为终局裁决，裁决书自作出之日起发生法律效力。如果职工不服仲裁裁决，可以自收到仲裁裁决书之日起十五日内向人民法院提起诉讼；用人单位不服仲裁裁决，只能根据法定理由申请撤销裁决。如果是用人单位侵害职工个人社会保险权益的，职工除了按照上述规定依法申请调解、仲裁、提起诉讼之外，也可以要求社会保险行政部门或者社会保险费征收机构依法处理。

（八）注意事项

约定不缴纳社会保险的条款或协议无效。实践中，有的用人单位基于节省用工成本，抑或劳动者基于各种原因不愿意缴纳社会保险费，部分用人单位与劳动者签订协议约定双方责任的承担，或者由劳动者自己单方出具不追究用人单位的承诺。事实上，双方协议也好，单方承诺也罢，并不能免除用人单位和劳动者的法定义务。

虽然双方对不缴纳社会保险有约定，并且用人单位可能已将应承担部分以现金的形式按月支付给劳动者。但社会保险的强制性决定了用人单位与劳动者不得自行约定是否参加保险以及选择所参加的保险项目。劳动者及其所在用人单位必须依据国家法律规定的保险险种和金额缴纳保险费，不能自行选择缴费险种和缴费标准，对此法律有明确规定。对于拒不依法缴纳或延迟缴纳的用人单位，劳动行政部门应当依法责令其限期缴纳；逾期不缴的，可以加收滞纳金。

依法缴纳社会保险不仅有利于劳动者，也有利于用人单位。比如发生工伤时，若缴纳了工伤保险，医药费等费用均由工伤保险基金支付。如果不依法缴纳社保，用人单位将承担相应的法律风险。因此，劳资双方约定不缴纳社会保险，对用人单位来说风险太大，且并没有因此而减少麻烦。

附 | 本节重点条文

《宪法》第四十五条

《社会保险法》第九条、第十条、第十二条、第十六条、第二十三条、第二十七条、第三十三条、第三十五条、第三十六条、第三十八条、第三十九条、第四十条、第四十一条、第四十四条、第四十五条、第四十六条、第五十条、第五十三条、第五十四条、第五十六条、第五十八条、第六十三条、第八十条

《工会法》第三十条、第三十三条、第三十八条

《工伤保险条例》第十四条、第十五条、第十七条、第五十三条

七、劳动安全卫生

劳动安全卫生，也称职业安全卫生，在政府部门和企业一般被称为安全生产，在工会工作中一直沿用“劳动保护”的提法，是指为了保障劳动者在生产劳动过程中的安全与健康，从法律、制度、组织管理、教育培训、技术、设备等方面采取的一系列综合措施的总称。生命安全和身体健康是劳动者的基本权益，维护劳动者生存权和健康权是法律赋予工会的重要职责。劳动保护的主要目的是预防和减少伤亡事故和职业病的发生，维护职工群众在生产劳动过程中的安全与健康，保障企业生产的顺利进行，促进国民经济快速、稳定、健康发展。在我国“政府统一领导、部门依法监管、企业全面负责、群众参与监督、全社会广泛支持”的安全生产工作格局中，工会代表劳动者实行“群众参与监督”。具体而言，工会在安全生产的总体格局中扮演的角色主要是：安全生产立法的推动者，安全生产工作的监督者，安全生产宣传教育的组织者，安全生产民主管理的实施者，安全生产事故调查处理的参与者，安全生产劳动争议的协调者。

（一）对安全生产工作的监督

《安全生产法》第七条规定，工会依法对安全生产工作进行监督。生产经营单位的工会依法组织职工参加本单位安全生产工作的民主管理和民主监督，维护职工在安全生产方面的合法权益。生产经营单位制定或者修改有关安全生产的规章制度，应当听取工会的意见。工会的监督主要体现在以下几个方面：参与劳动安全卫生法律法规、标准和重大决策、措施的制定，监督劳动安全卫生法律法规和政策的贯彻执行；组织、参加劳动安全卫生监督检查，发现事故隐患和职业危害；对生产经营单位违反安全生产法律、法规，侵犯从业人员合法权益的行为，有权要求纠正；发现生产经营单位违章指挥、强令冒险作业或者发现事故隐患时，有权提出解决的建议，生产经营单位应当及时研究答复；发现危及从业人员生命安全的情况时，有权向生产经营单位建议组织从业人员撤离危险场所，生产经营单位必须立即作出处理。

（二）对职业病防治工作的监督

《职业病防治法》第四条第三款规定，工会组织依法对职业病防治工作进行监督，维护劳动者的合法权益。用人单位制定或者修改有关职业病防治的规章制度，应当听取工会组织的意见。《职业病防治法》第四十一条规定，工会组织应当督促并协助用人单位开展职业卫生宣传教育和培训，有权对用人单位的职业病防治工作提出意见和建议，依法代表劳动者与用人单位签订劳动安全卫生专项集体合同，与用人单位就劳动者反映的有关职业病防治的问题进行协调并督促解决。工会组织对用人单位违反职业病防治法律、法规，侵犯劳动者合法权益的行为，有权要求纠正；产生严重职业病危害时，有权要求采取防护措施，或者向政府有关部门建议采取强制性措施；发生职业病危害事故时，有权参与事故调查处理；发现危及劳动者生命健康的情形时，有权向用人单位建议组织劳动者撤离危险现场，用人单位应当立即作出处理。在日常活动中，工会应通过形式多样的劳动安全卫生监督检查，及时发现各类职业病危害作业点，并做好登记工作。在对发现的职业病危害作业点登记的基础上，会同政府有关行政部门做好评估，必要时可邀请上级工会或有关专家参与评估。对需要跟踪检查的职业病危害隐患，建立档案。在职业病危害作业点的整改措施未落实期间，工会应建议、协助并督促企业行政采取应急防范措施。企业自身无法解决的，基层工会应及时填写职业病危害作业点情况报告书，报上级工会，同时要求企业行政报上级主管部门协助整改。

2013 年 12 月，国家卫生计生委、人力资源社会保障部、安全监管总局、全国总工会 4 部门联合印发《职业病分类和目录》，规定中暑属于职业病的一种。“夏送清凉”作为工会的传统品牌，在维护广大户外劳动者和一线职工安全健康权益中发挥了重要作用。做好职工防暑降温工作，有效预防和控制职工高温中暑及各类事故发生，对于维护广大职工的身体健康和生命安全，促进经济社会健康发展具有重要意义。工会在开展职工防暑降温工作中，除了组织开展慰问活动、对职工进行防暑降温和安全卫生知识宣传教育之外，重点要监督用人单位做好以下工作：一是积极采取措施改善职工劳动条件和现场作业环境。二是根据生产特点和具体条件，采用合理安排工作时间、轮换作业等方式防止职业中暑事件的发生。三是加强对职工的高温劳动保护知识教育。四是按时、足额以货币的方式向从事高温作业的劳动者支付高温津贴。五是向职工提供符合要求的劳动防护用品、符合卫生标准的防暑降温饮料及必需的药品。六是制定高温中暑应急预案，定期进行应急救援演练。七是在高温天气来临之前，对从事高温作业的职工进行健康检查并承担健康检查费用，对患有心、肺、脑血管性疾病、肺结核、中枢神经系统疾病及其他身体状况不适合高温作业环境的职工，应当调整作业岗位。八是当职工出现中暑症状时，应当立即采取救助措施，使其迅速脱离高温环境，到通风阴凉处休息，供给防暑降温饮料，并采取必要的对症处理措施；病情严重者，应当及时送医疗卫生机构治疗。

（三）对建设项目安全卫生设施“三同时”的监督

《安全生产法》第二十八条规定，生产经营单位新建、改建、扩建工程项目（以下统称建设项目）的安全设施，必须与主体工程同时设计、同时施工、同时投入生产和使用。“三同时”是从源头上防止安全生产事故，前移建设项目安全生产关口，保障劳动者生产过程中安全健康权益的重要手段。《安全生产法》第五十七条第一款规定，工会有权对建设项目的安全设施与主体工程同时设计、同时施工、同时投入生产和使用进行监督，提出意见。《工会法》第二十三条规定，工会依照国家规定对新建、扩建企业和技术改造工程中的劳动条件和安全卫生设施与主体工程同时设计、同时施工、同时投产使用进行监督。对工会提出的意见，企业或者主管部门应当认真处理，并将处理结果书面通知工会。《工会劳动保护监督检查员工作条例》第七条第六款规定，工会劳动保护监督检查员代表工会组织行使下列职权：参加新建、扩建和技术改造工程项目劳动安全卫生设施的设计审查和竣工验收，对劳动条件和安全卫生设施存在的问题提出意见和建议。工会劳动保护监督检查员是代表工会组织进行建设项目安全卫生设施“三同时”有效监督的重要力量，要做到坚持原则，严格标准，客观公正，依法审查验收。

（四）对职工伤亡事故和职业健康事件调查处理的监督

《工会法》第二十六条规定，职工因工伤亡事故和其他严重危害职工健康问题的调查处理，必须有工会参加。工会应当向有关部门提出处理意见，并有权要求追究直接负责的主管人员和有关责任人员的责任。对工会提出的意见，应当及时研究，给予答复。《安全生产法》第五十七条第三款规定，工会有权依法参加事故调查，向有关部门提出处理意见，并要求追究有关人员的责任。《生产安全事故报告和调查处理条例》第六条规定，工会依法参加事故调查处理，有权向有关部门提出处理意见。《生产安全事故报告和调查处理条例》第七条规定，任何单位和个人不得阻挠和干涉对事故的报告和依法调查处理。工会劳动保护监督检查员依法参加职工伤亡事故和职业健康事件的调查处理，监督企事业单位采取防范措施，对造成伤亡事故和经济损失的责任者，提出处理意见。对触犯刑律的责任者，建议追究其法律责任；参加职工伤亡事故和其他严重危害职工健康事件的抢险救援与调查处理工作，对抢险救援、调查处理、善后处理等工作全过程进行监督，向有关部门提出处理意见和建议，并要求追究有关人员的责任；跟踪落实伤亡职工是否享有工伤保险待遇并及时足额得到赔偿，做好伤亡人员和家属的慰问和安抚；监督企事业单位落实防范和整改措施，防止同类事故重复发生，整理事故调查材料并归档。

（五）对劳动能力鉴定工作的监督

职工发生工伤，经治疗伤情相对稳定后存在残疾、影响劳动能力的，应当进行劳动能力鉴定。劳动能力鉴定是指利用医学科学方法和手段，依据鉴定标准，对伤病劳动者的伤、病、残程度和丧失劳动能力的综合评定，它能够准确认定职工的伤残、病残程度，是确定工伤保险待遇的基础，有利于保障伤残、病残职工的合法权益。

劳动能力鉴定是指劳动功能障碍程度和生活自理障碍程度的等级鉴定。劳动功能障碍分为十个伤残等级，最重的为一级，最轻的为十级。生活自理障碍分为三个等级：生活完全不能自理、生活大部分不能自理和生活部分不能自理。劳动能力鉴定标准由国务院社会保险行政部门会同国务院卫生行政部门等制定。

省、自治区、直辖市劳动能力鉴定委员会和设区的市级劳动能力鉴定委员会分别由省、自治区、直辖市和设区的市级社会保险行政部门、卫生行政部门、工会组织、经办机构代表以及用人单位代表组成。工会代表职工对劳动能力鉴定工作进行监督，维护职工的合法权益。

（六）注意事项

工会劳动法律监督员在开展劳动安全卫生监督工作时要与工会劳动保护监督检查员的工作结合起来，与工会劳动保护监督检查员共同开展监督检查工作，切实提高监督实效。

附 | 本节重点条文

《工会法》第二十三条、第二十六条

《安全生产法》第七条、第二十八条，第五十七条第一款、第三款

《职业病防治法》第四条第三款、第四十条

《工会劳动保护监督检查员工作条例》第七条第六款

《生产安全事故报告和调查处理条例》第六条、第七条

八、特殊员工权益保护

特殊员工权益保护主要是针对职工的生理特点，对女职工、未成年工、残疾职工采取一定的特殊保护措施。工会在维护职工权益的过程中，对这些权益更容易受到侵害的特殊群体，应该给予特别的关注。

（一）对落实女职工劳动保护的监督

女职工劳动保护又称女职工特殊劳动保护，是指根据女职工生理结构、身体机能的特点以及抚育子女的需要，在劳动权益方面对女职工进行的特别保护。

1. 女职工禁忌从事的劳动

《劳动法》第五十九条规定，禁止安排女职工从事矿山井下、国家规定的第四级体力劳动强度的劳动和其他禁忌从事的劳动。

女职工禁忌从事的劳动范围包括：（1）矿山井下作业；（2）体力劳动强度分级标准中规定的第四级体力劳动强度的作业；（3）每小时负重6次以上、每次负重超过20公斤的作业，或者间断负重、每次负重超过25公斤的作业。此外，国务院颁布的《女职工劳动保护特别规定》的附录《女职工禁忌从事的劳动范围》，对女职工在经期、孕期、哺乳期禁忌从事的劳动范围都有明确的规定。《福建省女职工劳动保护条例》明确规定，用人单位应当遵守国家有关女职工禁忌从事的劳动范围的规定，对已经从事的，应当予以调整岗位。

2. 对女职工“五期”的保护

“五期”指的是经期、孕期、产期、哺乳期、更年期。由于女性特殊的生理机能决定其有不同的生理特点，这些生理变化对劳动能力会产生一定影响，需要特别的保护。《妇女权益保障法》第二十六条规定，妇女在

经期、孕期、产期、哺乳期受特殊保护。《福建省人口与计划生育条例》第四十一条第二款规定，妇女怀孕、生育和哺乳期间，按照国家和本省有关规定享受特殊劳动保护并可以获得帮助和补偿。

（1）经期。《劳动法》第六十条规定，不得安排女职工在经期从事高处、低温、冷水作业和国家规定的第三级体力劳动强度的劳动。根据《福建省女职工劳动保护条例》第九条规定，从事连续四个小时以上站立劳动的女职工在月经期间，经本人提出，用人单位视具体情况安排其适当的工间休息。有条件的用人单位，可以每月向女职工发放卫生用品或者费用。《女职工保健工作规定》第七条规定，患有重度痛经及月经过多的女职工，经医疗或妇幼保健机构确诊后，月经期间可适当给予 1 至 2 天的休假。

（2）孕期。《劳动法》第六十一条规定，不得安排女职工在怀孕期间从事国家规定的第三级体力劳动强度的劳动和孕期禁忌从事的活动。对怀孕七个月以上的女职工，不得安排其延长工作时间和夜班劳动。

《女职工劳动保护特别规定》第六条规定，女职工在孕期不能适应原劳动的，用人单位应当根据医疗机构的证明，予以减轻劳动量或者安排其他能够适应的劳动。对怀孕 7 个月以上的女职工，用人单位不得延长劳动时间或者安排夜班劳动，并应当在劳动时间内安排一定的休息时间。怀孕女职工在劳动时间内进行产前检查，所需时间计入劳动时间。

根据《福建省女职工劳动保护条例》第九条、第十条的规定，女职工在孕期不能适应原劳动岗位的，经本人申请并出具县级以上医疗机构的证明，用人单位应当予以减轻劳动量或者安排其他能够适应的岗位。女职工怀孕不满三个月或七个月以上的，用人单位每天应当在工作时间内安排其一小时的休息时间，并不得安排其延长工作时间和夜班劳动。在劳动时间内进行必要的产前检查、休息视为劳动时间。

根据《女职工劳动保护特别规定》第七条的规定，女职工怀孕未满 4 个月流产的，享受 15 天产假；怀孕满 4 个月流产的，享受 42 天产假。根据《福建省女职工劳动保护条例》第十三条第二款的规定，在福建工作的女职工怀孕流产的，根据具有人工终止妊娠手术资格的医疗保健机构或者计划生育技术服务机构的证明，享有产假。怀孕三个月以内流产的，产假为十五天至三十天；怀孕三个月以上流产的，产假为四十二天；怀孕七个月以上流产的，产假为九十八天。在此天数内都算产假，享受生育津贴或产假工资，而且不能计入医疗期。

从以上规定可以看出，孕期保护应注意事项：①孕期不得安排女职工从事孕期禁忌从事的劳动。②对怀孕七个月以上的女职工，用人单位不得安排其加班和值夜班劳动。③孕期女职工享有调岗主动权。④孕早期（前三个月）和孕晚期（七个月以上的）享有每天一个小时的休息权。⑤产前检查时间视为劳动时间，即常规的孕检算出勤，女职工不需要为此请病假或事假。因法律没有规定每月孕检几次，所以，只要是医疗机构出具了正常必要检查的证明，用人单位都应按出勤计算。

（3）产期。《女职工劳动保护特别规定》第七条规定，女职工生育享受98天产假，其中产前可以休假15天；难产的，增加产假15天；生育多胞胎的，每多生育1个婴儿，增加产假15天。根据《福建省女职工劳动保护条例》第十三条规定，符合《福建省人口计划生育条例》规定生育子女的，女职工产假为一百五十八天至一百八十天，具体天数由用人单位规定，男方照顾假为十五天。

（4）哺乳期。《劳动法》第六十三条规定，不得安排女职工在哺乳未满一周岁的婴儿期间从事国家规定的第三级体力劳动强度的劳动和哺乳期禁忌从事的其他劳动，不得安排其延长工作时间和夜班劳动。《福建省女职工劳动保护条例》第十条也做了相关规定，即女职工在哺乳期内的，用人单位每天应当在工作时间内安排一小时的哺乳时间，多胞胎生育的每多哺乳一个婴儿每天增加一小时哺乳时间，并不得安排其延长工作时间和夜班劳动。哺乳时间视为劳动时间。

《女职工劳动保护特别规定》第九条规定，对哺乳未满1周岁婴儿的女职工，用人单位不得延长劳动时间或者安排夜班劳动。用人单位应当在每天的劳动时间内为哺乳期女职工安排1小时哺乳时间；女职工生育多胞胎的，每多哺乳1个婴儿每天增加1小时哺乳时间。

《劳动合同法》第四十二条规定，女职工在孕期、产期、哺乳期的，用人单位不得与其解除劳动合同，除非女职工违反第三十九条的规定，即严重违反用人单位的规章制度。

哺乳期保护应注意事项：①不得安排女职工在哺乳期从事哺乳期禁忌的劳动，不得安排其加班和夜班劳动。②哺乳时间为每天一个小时，每多哺乳一个婴儿每天增加一个小时哺乳时间，直至婴儿一周岁，哺乳时间视为劳动时间。③可请哺乳假至婴儿满一周岁。《福建省女职工劳动保护条例》规定了哺乳假，此为非强制性规定，需经本人申请，用人单位同意才可享受。④哺乳假工资：哺乳假期间的工资由双方协商确定，不得低于生育津贴的百分之六十，且不得低于当地最低工资标准。⑤十天育儿假。《福建省女职工劳动保护条例》规定了育儿假，但为非强制性规定，可由工会干部与用人单位协商确定。

（5）更年期。1993 年卫生部、劳动部、人事部、全国总工会、全国妇联发布的《女职工保健工作规定》第十三条规定，经县（区）以上（含县、区）的医疗或妇幼保健机构诊断为更年期综合症者，经治疗效果仍不显著，且不适应原工作的，应暂时安排适宜的工作。进入更年期的女职工应每 1 至 2 年进行一次妇科疾病的查治。《福建省女职工劳动保护条例》第十一条规定，由县级以上的医疗机构或者妇幼保健机构诊断患有更年期综合症的女职工，经治疗效果仍不显著，且不能适应原劳动岗位的，经本人申请，双方协商同意，用人单位为其暂时安排适宜的工作。

更年期调岗需满足三个条件：①县级以上的医疗机构或者妇幼保健机构诊断。②经本人申请。③双方协商同意。

3. 对女职工健康检查的要求

《福建省女职工劳动保护条例》第七条规定，用人单位每两年至少组织女职工进行一次含妇科检查的健康体检，三十五周岁以上女职工应当增加乳腺癌、宫颈癌筛查项目，费用由用人单位承担，检查时间视为劳动时间。对从事接触职业病危害作业的女职工，用人单位应当按照有关法律、法规规定组织上岗前、在岗期间和离岗时职业健康检查，建立职业健康监护档案，并将检查结果书面告知女职工本人。职业健康检查费用由用人单位承担。

4. 对女职工就业的保护

（1）防止性骚扰。《中华人民共和国民法典》第一千零一十条第二款规定，机关、企业、学校等单位应当采取合理的预防、受理投诉、调查处置等措施，防止和制止利用职权、从属关系等实施性骚扰。《女职工劳动保护特别规定》第十一条规定，在劳动场所，用人单位应当预防和制止对女职工的性骚扰。《福建省女职工劳动保护条例》第十八条规定，用人单位应当结合本单位劳动生产特点，预防和制止对女职工的性骚扰；在处理女职工性骚扰投诉时，应当依法保护女职工的个人隐私。

（2）反对性别歧视。各单位在录用职工时，除不适合妇女的工种或者岗位外，不得以性别为由拒绝录用妇女或者提高对妇女的录用标准。各单位在录用女职工时，应当依法与其签订劳动（聘用）合同或者服务协议，劳动（聘用）合同或者服务协议中不得规定限制女职工结婚、生育的内容。《福建省女职工劳动保护条例》第四条规定，用人单位在录（聘）用、定岗、晋职、晋级、评聘专业技术职务和裁员时，不得以任何理由和方式歧视女性。政府相关部门出台的政策也要求依法禁止招聘环节中的就业性别歧视。各类用人单位、人力资源服务机构在拟定招聘计划、发布招聘信息、招用人员过程中，不得限定性别（国家规定的女职工禁忌劳动范围等情况除外）或性别优先，不得以性别为由限制妇女求职就业、拒绝录用妇女，不得询问妇女婚育情况，不得将妊娠测试作为入职体检项目，不得将限制生育作为录用条件，不得差别化地提高对妇女的录用标准。

（二）对落实未成年工劳动保护的监督

未成年工是指年满十六周岁未满十八周岁的劳动者。未成年工有别于童工，童工是指十六周岁以下未成年人。《劳动法》第十五条规定，禁止用人单位招用未满十六周岁的未成年人。文艺、体育和特种工艺单位招用未满十六周岁的未成年人，必须遵守国家有关规定，并保障其接受义务教育的权利。国务院 2002 年颁布的《禁止使用童工规定》第二条规定，国家机关、社会团体、企业事业单位、民办非企业单位或者个体工商户均不得招用不满16周岁的未成年人。禁止任何单位或者个人为不满16周岁的未成年人介绍就业。禁止不满16周岁的未成年人开业从事个体经营活动。

1. 劳动量应当与未成年工的身体健康状况相符合

《劳动法》第六十四条规定，不得安排未成年工从事矿山井下、有毒有害、国家规定的第四级体力劳动强度的劳动和其他禁忌从事的劳动。

原劳动部于1995年1月1日施行的《未成年工特殊保护规定》第三条明确规定了用人单位不得安排未成年工从事一些范围内的劳动。

2. 对未成年工的健康检查

《劳动法》第六十五条规定，用人单位应当对未成年工定期进行健康检查。

《未成年工特殊保护规定》第六条规定，用人单位应按下列要求对未成年工定期进行健康检查：（1）安排工作岗位之前；（2）工作满一年；（3）年满十八周岁，距前一次的体检时间已超过半年。

未成年工的健康检查，应按《未成年工特殊保护规定》所附《未成年工健康检查表》列出的项目进行。

3. 对未成年工的使用和特殊保护实行登记

用人单位招收使用未成年工，除符合一般用工要求外，还须向所在地的县级以上人社部门办理登记。人社部门根据《未成年工健康检查表》《未成年工登记表》，核发《未成年工登记证》，并审核体检情况和拟安排的劳动范围。未成年工须持《未成年工登记证》上岗。

（三）对落实残疾职工劳动权益的监督

残疾人是一个数量众多、特征突出、特别需要帮助的社会群体。为保障残疾人权益，促进残疾人事业发展，我国已先后颁布实施了一系列保障残疾人权益的法律、行政法规，1990年制定了《残疾人保障法》（2008年修订），进一步强调反歧视原则，强化对残疾人的权利保障和特别扶助，在康复、教育、就业、文化生活、社会保障、无障碍环境等方面，都增加了对残疾人的优惠和扶助措施，进一步明确了政府的责任和违反法律的处罚规定。国务院积极开展《残疾人保障法》配套法规政策制定工作，分别于1994年、2007年、2012年通过了《残疾人教育条例》《残疾人就业条例》和《无障碍环境建设条例》，对保障残疾人教育、就业权利和加快无障碍环境建设，促进残疾人参与社会生活作出规定。经过多年的努力，我国初步形成了以《宪法》为依据、以相关法律为基础、以《残疾人保障法》为核心、以行政法规和地方性法规为配套、以扶助残疾人优惠政策为补充的较为完备的残疾人事业和残疾人权益保障法律法规政策体系。

《残疾人就业条例》第六条规定，中国残疾人联合会及其地方组织依照法律、法规或者接受政府委托，负责残疾人就业工作的具体组织实施与监督。工会、共产主义青年团、妇女联合会，应当在各自的工作范围内，做好残疾人就业工作。就工会组织而言，监督范围主要针对残疾职工的劳动经济权益实现情况，一般包括以下内容：一是平等就业和选择职业的权利；二是获取劳动报酬的权利；三是休息休假的权利；四是获得劳动安全卫生保障的权利；五是接受职业技术培训的权利；六是享受社会保险和福利的权利；七是依法参加工会、组建工会、参与企业民主管理等权利；八是提请劳动争议处理以及寻求司法救济的权利；九是法律法规规定的其他权利。根据《残疾人保障法》等法律法规对残疾人以上权利的特别规定，工会应重点监督以下几方面内容：

1. 落实平等就业的权利

作为残疾人保障的最重要法律，《残疾人保障法》对残疾人就业的规定更加全面具体。该法第三条、第三十八条规定，残疾人在政治、经济、文化、社会和家庭生活等方面享有同其他公民平等的权利。国家保护残疾人福利性单位的财产所有权和经营自主权。在职工的招用、转正、晋级、职称评定、劳动报酬、生活福利、休息休假、社会保险等方面，不得歧视残疾人。《残疾人保障法》第三十一条规定，残疾人劳动就业，实行集中与分散相结合的方针，采取优惠政策和扶持保护措施，通过多渠道、多层次、多种形式，使残疾人劳动就业逐步普及、稳定、合理。除残疾人自主创业外，目前残疾人就业的两大类型是集中就业和按比例就业。

一是集中就业。《残疾人保障法》第三十二条规定，政府和社会举办残疾人福利企业、盲人按摩机构和其他福利性单位，集中安排残疾人就业。据此，民政部、中国残联制订了集中使用残疾人的用人单位的认定办法，财政部、国家税务总局修订出台了扶持集中使用残疾人的用人单位的税收优惠政策。安排残疾人集中就业的社会福利企业给残疾人创造了一个平等的就业环境，方便对残疾职工进行集中管理与培训，提供了更多的个人发展机会，已经成为残疾人集中就业的重要途径。除了民政部建立的福利企业外，社会上还出现了民营福利企业。但是，有些民营福利企业为了骗取税收优惠，安排一些残疾人到水平很低的岗位上，只是名义上安置了残疾职工，而实际上这部分残疾职工从事的都是水平低下的工作，没有发展机会。工会组织应当发挥监督作用，防止一些民营福利企业侵害残疾人的合法权益，同时促进福利企业的健康发展。

二是分散按比例就业。用人单位安排残疾人就业的比例不得低于本单位在职职工总数的 1.5%，达不到规定比例的，应当缴纳残疾人就业保障金。工会应监督其足额缴纳残疾人就业保障金。当前，实施按比例就业的过程中还存在着诸如就业缺乏保障等问题。一些接受残疾人就业的企业在收入和企业福利政策上不平等对待残疾职工，不签订书面劳动合同，不为残疾职工办理各种社会保险等。工会应主动监督，经过深入调查掌握残疾职工签订劳动合同、参加社会保险以及劳动安全卫生保护方面的情况，依法维护残疾职工的合法权益。

2. 完善残疾人就业培训机制

提高残疾人劳动技能素质是解决残疾人就业问题的根本措施。《残疾人保障法》第三十九条规定，残疾职工所在单位应当对残疾职工进行岗位技术培训，提高其劳动技能和技术水平。《残疾人就业条例》第十四条规定，用人单位应当根据本单位残疾人职工的实际情况，对残疾人职工进行上岗、在岗、转岗等培训。工会一方面要监督用人单位落实岗位培训责任，另一方面要进一步扩大职业培训范围，联合人社、残联、教育、民政等部门，根据残疾职工的特点、状况、市场需求等，为其提供多方位、多领域、实用性强、见效快的技能培训。

3. 落实相应的劳动条件和劳动保护

一般而言，《劳动法》《劳动合同法》规定的劳动条件和劳动保护是劳动合同的必备条款，凡是对全体职工适用的劳动保护措施，也同样适用于残疾职工。《残疾人保障法》则针对残疾人的生理特点，要求残疾职工所在单位为残疾职工提供适应其特点的劳动条件和劳动保护，并根据实际需要，对劳动场所、劳动设备和生活设施进行改造。如第三十八条规定中的“提供适当的劳动条件和劳动保护”主要是指用人单位在劳动条件和劳动安全措施中，对残疾职工采取特别措施，这种保护应当适应残疾人的生理特点，并针对他们的生理特点提供特殊的保护手段。比如盲、聋、哑和智力残疾的职工，应该和健全职工搭配在一起安排上岗，并且在工作中得到健全职工的配合帮助。残疾职工的劳动位置、工种和所使用的工具也应适应各自的残疾特点，以便安全操作。

工会组织应当加强对《残疾人保障法》《就业促进法》《残疾人就业条例》等相关法律法规的宣传，针对残疾人受到社会排斥的现实状况，对用人单位是否存在歧视残疾职工等问题进行监督，积极倾听残疾职工的现实需求，掌握政府就业政策的贯彻情况，通过各级工会与政府联席会议等宏观参与渠道，向政府及有关部门及时反映政策实施过程中出现的主要问题和突出矛盾，主动参与有关劳动就业政策的制定，有重点、有针对性地提出切实可行的政策主张和建议，从源头上维护残疾职工的合法权益。

附 | 本节重点条文

《民法典》第一千零一十条

《劳动法》第十五条、第五十八条、第五十九条、第六十条、第六十一条、第六十三条、第六十四条、第六十五条、第九十四条

《妇女权益保障法》第七条、第二十六条、第二十七条、第四十条

《劳动合同法》第四十二条

《未成年人保护法》第三十八条

《女职工劳动保护特别规定》第六条、第七条、第九条、第十二条

《女职工保健工作规定》第七条、第十三条

《福建省实施〈中华人民共和国工会法〉办法》第十条

《福建省女职工劳动保护条例》第三条、第四条、第七条、第八条、第九条、第十一条 、第十三条、第十四条、第十八条

《福建省人口与计划生育条例》第四十一条

《残疾人保障法》第三十三条、第三十八条、第三十九条、第四十条、第四十七条

《残疾人就业条例》第八条、第九条、第十条、第十一条、第十二条、第十三条、第十四条

九、职工教育培训

开展职业技能培训，提高职工的素质和技能，既是职工发展的需要，也是企业发展的需要，还是国家实施人才强国战略和创新驱动发展战略的重要措施。工会参与职工教育管理和监督，维护和保障职工的学习权利，是党和国家赋予工会的权利和义务，是工会组织的一项重要职责，也是在职工教育领域落实全心全意依靠工人阶级方针的具体措施。中共中央办公厅、国务院办公厅于2018年联合印发的《关于提高技术工人待遇的意见》明确提出：要发挥工会支持、监督作用，确保企业职工教育培训资金落实到位，并向一线技术工人倾斜。

工会维护职工教育培训权益，应当主要从制度上保证职工参加学习培训权利的落实。贯彻落实国家有关职工教育的法律法规和政策，推动企业将加强职工技能培训工作、保证培训教育经费使用纳入职代会、厂务公开、集体合同工作之中，督促基层单位按规定制订和落实职工教育培训计划和各项保障措施，进一步加大对职工教育和职业培训的投入，切实推进行业、企业职工培训工作，最大限度地满足职工的各种学习需求。

（一）对企业提取和使用职业培训经费的监督

《国务院关于大力推进职业教育改革与发展的决定》第十九条规定，各类企业要按《中华人民共和国职业教育法》的规定实施职业教育和职工培训，承担相应的费用。一般企业按照职工工资总额的1.5%足额提取教育培训经费，从业人员技术素质要求高、培训任务重、经济效益较好的企

业可按2.5%提取，列入成本开支。要保证经费专项用于职工特别是一线职工的教育和培训，严禁挪作他用。企业技术改造和项目引进，都应按规定比例安排资金用于职工技术培训。对不按规定实施职工职业教育和培训，经责令改正而拒不改正的企业，县级以上地方各级人民政府可以收取其应当承担的职业教育经费，用于本地区的职业教育。

《国务院关于大力发展职业教育的决定》第二十一条再次强调，要认真落实“一般企业按照职工工资总额的1.5%足额提取教育培训经费，从业人员技术要求高、培训任务重、经济效益较好的企业，可按2.5%提取”的规定，足额提取教育培训经费，主要用于企业职工特别是一线职工的教育和培训。企业新上项目都要安排职工技术培训经费。

中华全国总工会、财政部、国家发改委、教育部等11个部委2006年6月印发的《关于企业职工教育经费提取和使用管理的意见》重申了以上规定，并规定：为保障企业职工的学习权利和提高他们的基本技能，职工教育培训经费的60%以上应用于企业一线职工的教育和培训。当前和今后一个时期，要将职工教育培训经费的重点投向技能型人才特别是高技能人才的培养以及在岗人员的技术培训和继续学习。

2018年4月25日，国务院常务会议研究决定推出7项减税措施，其中一条就是，从2018年1月1日起，将一般企业的职工教育经费税前扣除限额与高新技术企业的限额统一，从2.5%提高至8%。这一政策的目的在于，鼓励一般企业继续加大职工教育经费投入。

（二）对企业职工教育培训经费依法列支的监督

《关于企业职工教育经费提取和使用管理的意见》详细规定了企业职工教育培训经费列支范围，包括：

1. 上岗和转岗培训；
2. 各类岗位适应性培训；
3. 岗位培训、职业技术等级培训、高技能人才培训；
4. 专业技术人员继续教育；
5. 特种作业人员培训；

6. 企业组织的职工外送培训的经费支出；

7. 职工参加的职业技能鉴定、职业资格认证等经费支出；

8. 购置教学设备与设施；

9. 职工岗位自学成才奖励费用；

10. 职工教育培训管理费用；

11. 有关职工教育的其他开支。

《关于企业职工教育经费提取和使用管理的意见》同时规定，企业职工参加社会上的学历教育以及个人为取得学位而参加的在职教育，所需费用应由个人承担，不能挤占企业的职工教育培训经费。

（三）注意事项

职工教育培训经费的提取和使用是否合法合规：一是是否有足额提取；二是企业教育培训经费是用于广大职工的职业技能提升，还是仅用于少数企业高管接受高收费教育。

附 | 本节重点条文

《劳动法》第六十八条

《职业教育法》第二十条

《就业促进法》第四十七条

十、劳务派遣员工权益

劳务派遣是一种新的用工方式，是指劳务派遣单位（即用人单位）与被派遣劳动者（即劳务派遣工）签订劳动合同，同时劳务派遣单位与用工单位签订劳务派遣协议，被派遣劳动者在用工单位安排和管理下提供劳动，劳务派遣单位从用工单位获取派遣费，并向被派遣劳动者支付劳动报酬的一种用工形式。

劳务派遣用工不同于一般的劳动合同用工，其有三个突出特点：一是涉及三个主体，分别是劳务派遣单位、用工单位和被派遣劳动者；二是劳动与劳动关系分离，“有劳动关系没劳动，有劳动没劳动关系”；三是有两个协议，分别是劳动者与劳务派遣单位签订劳动合同、劳务派遣单位与用工单位签订劳务派遣协议。

《劳动合同法》专门对劳务派遣做了规定，2012 年修订《劳动合同法》，其中的一个原因正是为了遏制劳务派遣被滥用的趋势。目前劳务派遣方面的规范，除了《劳动合同法》，主要是人力资源和社会保障部颁布的于 2014 年 3 月 1 日起施行的《劳务派遣暂行规定》，这些规定为工会开展监督工作提供了依据。

（一）对落实劳务派遣工同工同酬的监督

劳务派遣用工单位即使用被派遣劳动者的单位，具体指的是与劳务派遣单位订立劳务派遣协议，指挥和管理被派遣劳动者进行工作的单位。劳务派遣用工单位与劳务派遣单位签订劳务派遣协议，按照协议的约定，管理、使用被派遣劳动者。劳务派遣用工单位应当向被派遣劳动者履行提供劳动保护、劳动条件，支付加班费、奖金，提供与工作岗位相关的福利待遇等义务，同时要切实保障被派遣劳动者的劳动报酬、福利待遇和社会保险等方面的平等权益，做到同工同酬。

（二）对劳务派遣用工岗位的监督

2008 年《劳动合同法》施行之后，劳务派遣急剧扩张，出现了不少问题。如用工单位为降低用工成本，逃避法律责任，随意大量使用劳务派遣劳动者，使得劳务派遣范围不断扩大，被派遣劳动者人数不断增加，在一些行业和企业，劳务派遣劳动者甚至占到用工总量的一半以上，成为用工的主流形式，违背了立法初衷。为解决这一突出问题，2012 年修改的《劳动合同法》明确规定，劳动合同用工是我国企业的基本用工形式，劳务派遣用工是补充形式，只能在临时性、辅助性或者替代性的工作岗位上实施。其中，“临时性工作岗位”是指存续时间不超过六个月的岗位；“辅助性工作岗位”是指为主营业务岗位提供服务的非主营业务岗位；“替代性工作岗位”是指用工单位的劳动者因脱产学习、休假等原因无法工作的一定期间内可以由其他劳动者替代工作的岗位。

单从法律条文给出的定义上看，相比较临时性、替代性工作岗位，辅助性工作岗位带有较大的不确定性，必须对辅助性工作岗位的确定过程设置明确具体而又相对严格的程序性条件。《劳务派遣暂行规定》明确要求，用工单位决定使用劳务派遣的辅助性工作岗位时，首先应当经职工代表大会或者全体职工讨论，提出方案和意见之后，与工会或者职工代表平等协商，岗位确定后，还应当在用工单位内公示。用工单位违反以上程序的，工会可通过发放工会劳动法律监督提示函、意见书督促改正；若拒不改正的，可通过工会劳动法律监督建议书提请劳动行政部门责令用人单位改正，给予警告，并赔偿对被派遣劳动者造成的损害。

（三）对劳务派遣用工比例的监督

劳务派遣用工数量应控制在合理范围以内，使劳务派遣回归到劳动用工的补充形式这一本位。考虑到社会各界对用工比例的预期和承受能力，《劳务派遣暂行规定》将劳务派遣用工比例设置为不超过用工总量的10%。其中，用工总量等于用工单位订立劳动合同人数加上使用的被派遣劳动者人数之和。需要注意的是，前面说的计算劳务派遣用工比例的用工单位，是指可以与劳动者订立劳动合同的用人单位。《劳动合同法实施条例》第四条规定，劳动合同法规定的用人单位设立的分支机构，依法取得营业执照或者登记证书的，可以作为用人单位与劳动者订立劳动合同；未依法取得营业执照或者登记证书的，受用人单位委托可以与劳动者订立劳动合同。对于10%的用工比例与“三性”工作岗位之间的关系，并不是保证劳务派遣用工比例在10%范围之内，就不需要同时符合“三性”条件，这两个条件必须同时具备，既不能突破比例，又必须同时符合“三性”要求。

（四）对异地派遣员工权益落实情况的监督

异地派遣指劳务派遣单位跨地区派遣劳动者的情形，劳务派遣单位与用工单位往往处在不同地区。实践中，一些经营劳务派遣业务的单位为了谋取高额利润，专门在经济较为落后、劳动力相对过剩的地区设立劳务派遣单位，将劳动者派遣到经济较为发达但劳动力相对短缺的地区。这样劳务派遣单位和用工单位往往选择按照劳务派遣单位所在地区较低的标准发放相应的劳动报酬、提供相应的劳动条件，并以较低标准参加社会保险，从而达到节省用工成本的目的。此种做法损害了被派遣劳动者的合法权益。《劳动合同法》第六十一条规定，劳务派遣单位跨地区派遣劳动者的，被派遣劳动者享有的劳动报酬和劳动条件，按照用工单位所在地的标准执行。《劳务派遣暂行规定》对此做了进一步规定。

（五）注意事项

1. 有无存在“名为外包、实为派遣”的行为

劳务外包也叫人力资源外包，指的是企事业单位（发包方）与其他单位（承包方，通常为人力资源服务机构）签订承包协议，将一部分业务或某类岗位所有的人力资源工作全部交由该单位运营管理，同时向其支付相应费用的一种经营方式。通过劳务外包，企事业单位将一部分非核心业务岗位或辅助性岗位的招聘、劳动合同签订、培训、薪酬发放、社保缴纳、个税申报、考核与奖惩等一系列事务工作完全转移给人力资源服务机构，可以在减少用工量降低发生劳动纠纷风险的同时，享受到专业化的服务，有利于企事业单位将精力集中在核心业务上。外包岗位的劳动者由人力资源服务机构招聘，与服务机构签订劳动合同，工资、社保、培训以及日常管理等工作都由服务机构负责。企事业单位不参与外包岗位劳动者的管理，而是根据自身需要向承包单位提出业务要求。

劳务外包与劳务派遣有着根本的区别：

（1）适用的法律不同。劳务外包适用《合同法》等法律法规的规定，而劳务派遣则由《劳动合同法》等法律法规规范和调整。

（2）劳务外包的承包方可以是个人，也可以是企业或其他组织；劳务派遣单位必须符合法律规定的“注册资本不得少于人民币二百万元”等条件。

（3）经营劳务派遣业务必须取得劳务派遣行政许可，而劳务外包不需要行政许可。

（4）劳务外包关系中，发包企业对承包单位的员工不进行直接管理，他们的工作形式和工作时间等由承包单位自行确定；劳务派遣单位的员工在用工单位的直接管理下进行劳动。

（5）在劳务外包中，发包单位与承包单位之间按双方协议承担权利义务，发包单位对承包单位的员工基本上不承担责任；在劳务派遣中，用工单位给被派遣劳动者造成损害的，劳务派遣单位与用工单位承担连带赔偿责任。

（6）用人单位不得设立劳务派遣单位向本单位或者所属单位派遣劳动者；而法律对劳务外包没有相应限制。

《全国人民代表大会常务委员会关于修改〈中华人民共和国劳动合同法〉的决定》公布之后，出现了一些劳务派遣单位和用工单位采取将原有的劳务派遣转为劳务承揽、业务外包的形式，以逃避法律对劳务派遣的规制。为杜绝这种“名为外包、实为派遣”的行为，《劳务派遣暂行规定》明确规定，用人单位以承揽、外包等名义，按劳务派遣用工形式使用劳动者的，按照本规定处理。由此可以看出，只要用工单位以劳务派遣用工形式使用劳动者，不论是使用承揽、外包或者其他名义，都必须遵守劳务派遣法律法规的规定，承担劳务派遣用工的法定义务。这应当成为工会开展劳动法律监督的重点内容。

2. 劳务派遣工加入工会的权利是否落实

参加工会组织是劳务派遣工的法定权利，《工会法》《劳动合同法》等法律以及《中国工会章程》《中华全国总工会关于组织劳务派遣工加入工会的规定》等规范性文件均有相应规定，明确保障被派遣劳动者参加工会的权利。被派遣劳动者有权选择在劳务派遣单位或者用工单位参加工会，任何组织和个人都不得阻挠和限制。劳务派遣单位和用工单位都应当依法建立工会组织，吸收劳务派遣工加入工会。劳务派遣工与劳务派遣单位签订劳动合同，所以劳务派遣工首先应该选择参加劳务派遣单位工会，劳务派遣单位工会委员会中应有相应比例的劳务派遣工会员作为委员会成员。在劳务派遣工会员被派遣期间，劳务派遣单位工会可以委托用工单位工会代管。劳务派遣单位工会可以与用工单位工会签订委托管理协议，明确双方对会员组织活动、权益维护等的责任与义务。如果劳务派遣单位没有建立工会组织，而用工单位建立了工会，劳务派遣工可以直接参加用工单位工会。

附 | 本节重点条文

《劳动合同法》第五十八条、第五十九条、第六十条、第六十一条、第六十三条、第六十四条、第六十六条、第六十七条

《劳务派遣暂行规定》第三条、第四条、第十八条、第十九条、第二十七条

十一、企业民主管理制度

企业民主管理是指中国境内的企业职工依照法律法规和政策规定，参与企业决策、管理和监督，企业的经营管理者尊重、支持和保证职工的知情权、参与权、表达权、监督权等民主权利行使及落实的有组织的制度性、规范性活动。企业实行民主管理，是我国企业管理的一项重要原则。

企业民主管理的主体是企业的经营管理者和职工，涵盖了企业中经营管理人员、技术人员和生产工人等全体人员。

企业民主管理制度体系包括职工代表大会制度、厂务公开制度、职工董事职工监事制度、集体协商集体合同制度以及职工民主管理委员会、民主议事会、民主协商会、劳资恳谈会等协商沟通制度。

（一）对职工代表大会制度的监督

职工代表大会制度，是指企业经营管理者与企业全体职工通过职工代表大会实行民主管理所必须共同遵守的一整套运行规程和活动准则。

职工代表大会（或职工大会，下同）是职工行使民主管理权力的机构，是企业民主管理的基本形式。

1. 职工代表大会的职权

在我国境内的企业，不分性质规模，职工代表大会实行统一的职权。

（1）审议建议权。听取企业主要负责人关于企业发展规划、年度生产经营管理情况，企业改革和制定重要规章制度情况，企业用工、劳动合同和集体合同签订履行情况，企业安全生产情况，企业缴纳社会保险费和住房公积金情况等报告，提出意见和建议；审议企业制定、修改或者决定的有关劳动报酬、工作时间、休息休假、劳动安全卫生、保险福利、职工培

训、劳动纪律以及劳动定额管理等直接涉及劳动者切身利益的规章制度或者重大事项方案，提出意见和建议。

（2）审议通过权。审议通过集体合同草案，按照国家有关规定提取的职工福利基金使用方案、住房公积金和社会保险费缴纳比例和时间的调整方案，劳动模范的推荐人选等重大事项。

（3）民主选举权。选举或者罢免职工董事、职工监事，选举依法进入破产程序企业的债权人会议和债权人委员会中的职工代表，根据授权推荐或者选举企业经营管理人员。

（4）评议监督权。审查监督企业执行劳动法律法规和劳动规章制度情况，民主评议企业领导人员，并提出奖惩建议。

（5）法律法规规定的其他职权。

国有企业和国有控股企业职工代表大会除按规定行使以上职权外，还有更多的职权：

（1）听取和审议企业经营管理主要负责人关于企业投资和重大技术改造、财务预决算、企业业务招待费使用等情况的报告，专业技术职称的评聘、企业公积金的使用、企业的改制等方案，并提出意见和建议。

（2）审议通过企业合并、分立、改制、解散、破产实施方案中职工的裁减、分流和安置方案。

（3）依照法律、行政法规、行政规章规定的其他职权。

2. 职工代表大会的任期

职工代表大会每届任期为三年至五年，具体任期由职工代表大会根据本单位的实际情况确定。职工代表大会因故需要提前或者延期换届的，应当由职工代表大会或者其授权的机构决定。

3. 职工代表大会召开的时间

职工代表大会每年至少召开一次，必须有代表总数三分之二以上的职工代表到会方为有效。

4. 职工代表大会召开的条件

企业可以根据职工人数确定召开职工代表大会或者职工大会。职工人数在五十人以下的，应当召开职工大会。

5. **职工代表大会的表决与约束力**

职工代表大会对于重要事项的表决，应当采用无记名投票方式分项表决。在其职权范围内依法审议通过的决议和事项具有约束力，非经职工代表大会同意不得变更或撤销。企业应当提请职工代表大会审议、通过、决定的事项，未按照法定程序审议、通过或者决定的无效。

6. **职代会的组织机构**

（1）职工代表大会主席团。职工代表大会一般由工会主要负责人主持。当职工代表大会规模较大、代表人数较多、会议处理事项较多，或实行区域性职工代表大会、行业性职工代表大会的地区，可设立大会主席团。大会主席团是职工代表大会开会期间的领导机构，负责处理会议的各项事项。主席团成员在本届职工代表大会的职工代表中提名产生，其中一线职工和中层正职以下的技术人员、管理人员应超过半数。

职工代表大会主席团产生的程序是：由企业工会与职工代表大会的各代表团（组）协商，提出主席团成员候选人名单，提交职工代表大会预备会议审议，经职工代表大会预备会议表决通过。

（2）职工代表大会代表团（组）。职工代表大会的常设组织。企业根据生产（行政）部门和职工代表人数，按分公司（分厂）、车间、科室为单位，由本企业职工代表成立代表团或代表组，组织职工代表活动。企业单位规模较大、职工代表人数较多的，可以设立代表团，单位较小的可设立代表组。代表团（组）长一般由所在单位的工会负责人担任。

（3）职工代表大会专门委员会（小组）。职工代表大会根据需要可设立生产经营、民主管理、劳动法律法规、规章制度、生活福利、评议监督等临时或经常性的专门委员会（小组），负责办理职工代表大会交办的事项。专门委员会（小组）成员一般由 5 人至 9 人组成。

专门委员会（小组）产生的程序：由企业工会提出各专门委员会（小组）组成的具体方案，职工代表团（组）根据方案，协商推荐各专门委员会（小组）人选，职工代表和非职工代表均可自荐。企业工会与企业有关方面协商后，召开工会委员会或职工代表团（组）长会议讨论，提出具体候选人名单，交给各职工代表团（组）征求意见。经职工代表大会主席团审议后，正式提出具体候选人名单，经职工代表大会表决通过。各专门委员会（小组）召开会议，民主推选出负责人。专门委员会（小组）的组长，一般由企业工会相应的专门委员会或部门负责人担任为宜。

7. 职工代表大会的工作机构

企业工会委员会是职工代表大会的工作机构，负责职工代表大会的日常工作，履行组织选举、征集提案、筹备会议、拟议名单、报告工作、监督检查、受理投诉、宣传培训、档案管理等职责。

8. 职工代表

职工代表是企业职工按照一定民主程序选举产生，代表广大职工参加企业职工代表大会、行使民主管理权力的职工。

（1）当选职工代表的条件。一般来说，按照法律规定与用人单位建立劳动关系的职工，都可以当选为职工代表。

（2）职工代表的构成及比例。企业召开职工代表大会的，职工代表人数按照不低于全体职工人数的5%确定，最少不得低于30人。职工代表人数超过100人的，超出的代表人数可以由企业与工会协商确定。职工代表包括工人、技术人员、管理人员以及领导干部，其中，企业中层以上管理人员和领导人员（企业管理人员，主要是指承担企业生产经营指挥职权的中层以上的管理者；企业的领导人员，主要是指企业的党组织负责人和企业中负责决策指挥的高级经营管理人员），一般不得超过职工代表总数的20%。有女职工和劳务派遣职工的企业，职工代表中应当有适当比例的女职工和劳务派遣职工代表，农民工比较集中的企业要有相应的代表。

（3）职工代表的产生。用人单位根据职工人数和生产（行政）单位设置状况确定职工代表总数、划分选区、分配名额，进行职工代表的选举。一般程序是：

制定选举方案。根据企业职工人数和单位设置状况确定代表总数及名额分配方案。划分选区，制定选举办法。

进行宣传和发动。企业工会广泛宣传职工代表大会的性质、意义、职权、任务和选好职工代表的重要性。

酝酿职工代表候选人。企业工会组织职工以选区为单位，发扬民主，充分酝酿职工代表候选人。

选举职工代表。各选区按照分配的代表名额，组织职工进行直接选举。选举采取无记名投票方式差额选举。企业领导应分到选区，以普通职工身份参加选举。

职工代表资格审查委员会（小组）对选出的职工代表进行资格审查。审查的内容：是不是具有担任职工代表的资格，是不是严格按照民主程序选举产生的；对不符合规定的，应取消其代表资格。

职工代表选出后，应按选举单位的隶属关系组成代表团（组）。代表团（组）长由本团（组）的职工代表民主推选产生。

（4）职工代表的任期。职工代表实行常任制，职工代表任期与职工代表大会届期一致，可以连选连任。

（5）职工代表的罢免程序。选举单位职工提出撤换职工代表的要求；工会及时调查核实；原选举单位召开会议讨论，被撤换的职工代表可参加会议并可以申辩；经选举单位讨论，半数以上职工同意，即可作出撤换职工代表的决定；原选举单位将撤换职工代表的决定报告企业工会，由企业工会宣布并备案；选举单位职工按照民主程序选举新的职工代表，经职工代表资格审查委员会（小组）审查后，替补被撤换职工代表的缺额。

（二）对厂务公开制度的监督

厂务公开制度，是指企业依照有关法律法规规定，将与本单位发展稳定和职工切身利益密切相关的重大问题和重要事项，通过职工代表大会和其他适当形式向广大职工公开，为组织职工参与决策、管理和监督创造前提条件的一整套办事规程或行动准则。

1. 公开的内容

公开的内容主要包括：企业经营管理的基本情况；招用职工及签订劳动合同的情况；集体合同文本和劳动规章制度的内容；奖励处罚职工、单方解除劳动合同的情况以及裁员的方案和结果，评选劳动模范和优秀职工的条件、名额和结果；劳动安全卫生标准、安全事故发生情况及处理结果；社会保险以及企业年金的缴费情况；职工教育经费提取、使用和职工培训计划及执行的情况；劳动争议及处理结果情况以及法律法规规定的其他事项。

国有企业、集体企业及其控股企业还应当公开下列事项：投资和生产经营管理重大决策方案等重大事项，企业中长期发展规划；年度生产经营目标及完成情况，企业担保、大额资金使用、大额资产处置情况，工程建设项目的招投标，大宗物资采购供应，产品销售和盈亏情况，承包租赁合同履行情况，内部经济责任制落实情况，重要规章制度制定等重大事项；职工提薪晋级、工资奖金收入分配情况；专业技术职称的评聘情况；中层领导人员、重要岗位人员的选聘和任用情况，企业领导人员薪酬、职务消费和兼职情况，以及出国出境费用支出等廉洁自律规定执行情况，职工代表大会民主评议企业领导人员的结果；依照国家有关规定应当公开的其他事项。

2. 公开的实现形式

公开的实现形式包括职工代表大会这一主要载体，以及厂务公开栏，职工董事、职工监事参加董事会监事会制度，党政工联席会议制度，网络新媒体等。

（三）对职工董事、职工监事制度的监督

职工董事、职工监事制度，是通过职工代表大会选举产生的职工董事、职工监事，依法参与公司决策、行使监督权利的一系列工作规程、权利与义务规定和履行职责要求等规则的总称。

职工董事、职工监事是指通过职工代表大会（或职工大会及其他形式）民主选举进入董事会、监事会，代表职工行使决策和监督权利的职工代表。

根据《公司法》第四十五条、第六十八条和第一百零九条的规定，两个以上的国有企业或者两个以上的其他国有投资主体投资设立的有限责任公司、国有独资公司的董事会成员中应当有职工董事，其他有限责任公司、股份有限公司董事会成员中可以有职工董事。

根据《公司法》第五十二条、第七十一条和第一百一十八条的规定，有限责任公司、国有独资公司和股份有限公司设立监事会的，应当设立职工监事，其中职工监事的比例不得低于监事会成员的三分之一，具体比例由公司章程规定。

中华全国总工会《关于加强公司制企业民主管理工作的意见》提出，推动所有设立董事会、监事会的公司制企业建立职工董事、职工监事制度。

1. 职工董事、职工监事的权利和义务

（1）职工董事的权利。

①参加董事会会议，行使董事的发言权和表决权；

②就涉及职工切身利益的规章制度或者重大事项，提请召开董事会会议，反映职工的合理要求，维护职工合法权益；

③列席与其职责相关的公司行政办公会议和有关生产经营工作的重要会议；

④要求公司工会、公司有关部门和机构通报有关情况并提供相关资料；

⑤法律法规和公司章程规定的其他权利。

（2）职工监事的权利。

①参加监事会会议，行使监事的发言权和表决权；

②就涉及职工切身利益的规章制度或者重大事项，提议召开监事会会议；

③监督公司的财务情况和公司董事、高级管理人员执行公司职务的行为，监督检查公司对涉及职工切身利益的法律法规、公司规章制度贯彻执行情况，劳动合同和集体合同的履行情况；

④列席董事会会议，并对董事会决议事项提出质询或者建议，列席与其职责相关的公司行政办公会议和有关生产经营工作的重要会议；

⑤要求公司工会、公司有关部门和机构通报有关情况并提供相关资料；

⑥法律法规和公司章程规定的其他权利。

（3）职工董事、职工监事的义务。

①遵守法律法规，遵守公司章程及各项规章制度，保守公司秘密，认真履行职责；

②定期听取职工的意见和建议，在董事会、监事会上真实、准确、全面地反映职工的意见和建议；

③定期向职工代表大会述职和报告工作，执行职工代表大会的有关决议，在董事会、监事会会议上，对职工代表大会作出决议的事项，应当按照职工代表大会的相关决议发表意见，行使表决权；

④法律法规和公司章程规定的其他义务。

2. 职工董事、职工监事的选任要求

（1）人选条件。工会主席、工会副主席应当作为职工董事、职工监事候选人人选。公司高级管理人员和监事不得兼任职工董事，公司高级管理人员和董事不得兼任职工监事。

（2）产生程序。职工董事、职工监事的候选人由公司工会提名，公司党组织审核，并报告上级工会；没有党组织的公司可由上一级工会组织审核。职工董事、职工监事由本公司职工代表大会以无记名投票方式选举产生。职工董事、职工监事候选人必须获得全体会议代表过半数选票，方可当选。公司应建立健全职工代表大会制度，尚未建立的，应组织职工或职工代表选举产生职工董事、职工监事，并积极筹建职工代表大会制度。职工董事、职工监事选举产生后，应报上级工会、有关部门和机构备案，并与其他内部董事、监事一同履行有关手续。

（3）任期。职工董事、职工监事的任期与公司其他董事、监事的任期相同，可以连选连任。职工董事、职工监事的任期长于其劳动合同期限的，公司应当延长其劳动合同期限，延长期应当与任职期相同。

（4）罢免。职工董事、职工监事不履行职责或者有严重过错的，职工代表大会有权罢免职工董事、职工监事。罢免职工董事、职工监事的议案，必须由三分之一以上的职工代表联名提议，采用无记名投票的方式进行表决，职工代表大会全体代表的过半数通过可以罢免。表决结果应及时向与会职工代表通报，并报有关部门备案。职工董事、职工监事被罢免后，公司工会应当向上一级工会组织备案。职工董事、职工监事出现空缺时，空缺时间不超过三个月，由公司工会依照选举职工董事、职工监事的规定条件和程序提出替补人选，提请职工代表大会民主选举产生。

（四）注意事项

（1）职工代表大会应当监督和支持经营管理者依法将生产经营情况、发展规划和管理办法以及改革发展过程中遇到的问题，通过职工代表大会等形式向职工报告和说明。

（2）在制定、修改或者决定直接涉及劳动者切身利益的规章制度或者重大事项时，必须依法提交职工代表大会审议通过，集体合同草案必须依法提交职工代表大会审议通过。

（3）落实职工董事、职工监事定期向职工代表大会述职和报告工作制度，保障职工董事、职工监事依法履职，在监督公司依法经营管理和保障职工合法权益中发挥应有作用。

附 | 本节重点条文

《宪法》第十六条、第十七条

《工会法》第六条、第十九条、第三十五条、第三十八条、第五十三条

《劳动法》第八条

《劳动合同法》第四条、第五十一条

《公司法》第十八条第二款、第四十五条、第五十二条、第六十八条、第七十一条、第一百零九条、第一百一十八条、第一百四十六条

《全民所有制工业企业法》第十一条

《福建省实施〈中华人民共和国工会法〉办法》第十七条

《福建省保障企业职工民主参与权利规定》第三条

《全民所有制工业企业职工代表大会条例》第二条

《城镇集体所有制企业条例》第二十九条

《企业民主管理规定》第三条、第五条、第二十二条

第五章

工会劳动法律监督的法律保障

法律实施离不开法律监督，而法律监督的有效开展需要法律制度的保障。工会作为群团组织，工会劳动法律监督是我国法律监督体系的重要组成部分，对于劳动法律的实施发挥着非常重要的作用，但工会劳动法律监督同其他社会监督一样，一方面具有范围十分广泛、民主性突出的优点，另一方面也存在不具有执法权和司法权的短板，可能影响工会劳动法律监督的效能。为此，《工会法》《福建省工会劳动法律监督条例》等从用人单位支持、接受和配合、经费保障、监督员合法权益保障等方面对工会开展劳动法律监督作出规定。

一、用人单位的义务

工会劳动法律监督主要包括监督组织（主要指工会劳动法律监督委员会）、监督对象（用人单位）和监督内容三部分。工会劳动法律监督组织及其监督员开展劳动法律监督工作，离不开用人单位支持；用人单位支持、接受和配合对工会完成劳动法律监督工作尤其重要。

工会劳动法律监督的大量工作主要依靠工会劳动法律监督员实施，这些监督员中除工会劳动法律监督委员会主任由工会主席或者副主席担任外，绝大多数监督员（含根据实际需要聘请人大、政协委员、专家学者、社会人士等担任的特邀工会劳动法律监督员）都是兼职人员担任。因此，用人单位给予工会劳动法律监督员必要的支持就显得尤为重要。同时，监督对象（用人单位）的接受和配合对于工会劳动法律监督的有效实施也发挥着至关重要的作用。

基层工会劳动法律监督员既是职工，也是工会干部，在开展工会劳动法律监督工作时，也同样适用《工会法》《福建省工会劳动法律监督条例》等法律法规关于工会干部保护的相关规定。我国在一些法律法规中进一步明确了用人单位应支持、接受和配合工会劳动法律监督工作，为工会依法开展劳动法律监督工作提供了法律保障。

（一）用人单位提供必要条件支持

这些条件既包括硬件条件，也包括软件条件。一是配备必要的硬件设施。工会劳动法律监督面对的是为数众多却又各不相同的用人单位，监督的范围广泛而复杂。如果没有必要的硬件保障，工会劳动法律监督工作就很难适应客观形势发展的需要。二是不断提升素质能力。要通过不同的方式和渠道，加强对工会劳动法律监督员的培训，不断提升他们开展工会劳动法律监督、有效协调劳动关系和依法维护职工合法权益的能力。三是调动工作积极性。要通过合理的管理制度和奖惩机制，激发工会劳动法律监督员的工作主动性和创造性。

（二）用人单位提供必要的时间保障

工会劳动法律监督员开展工会劳动法律监督时，必然要占用一定的生产或工作时间，为保障工会劳动法律监督员更好地开展工会劳动法律监督工作，《工会法》《福建省工会劳动法律监督条例》等对工会干部从事工会工作作出了相应的规定，工会劳动法律监督员作为工会工部，开展工会劳动法律监督工作也属于工会工作，可以参照适用这些法律法规。《工会法》第四十条规定，基层工会的非专职委员占用生产或者工作时间参加会议或者从事工会工作，每月不超过三个工作日，其工资照发，其他待遇不受影响。《福建省工会劳动法律监督条例》第十七条也明确规定，用人单位应当为工会劳动法律监督员依法履职提供必要的条件。

工会劳动法律监督员特别是基层兼职工会劳动法律监督员，基本都是利用业余时间开展工会劳动法律监督工作，必须占用生产时间的（如参与调查取证），用人单位应当为其提供必要的时间，以保障工会劳动法律监督工作的正常开展。

（三）用人单位应当主动接受和配合

随着社会主义市场经济的发展，现今职工和用人单位已然成为命运共同体，依法合规、健康有序的劳动关系不仅有利于职工，更能促进用人单位的稳步成长。用人单位只有进行规范化的管理，依法合规地维护职工的合法权益，职工才能迸发工作潜力，从而促进用人单位的不断发展壮大。工会依法实施工会劳动法律监督，一方面可以维护职工的合法权益，另一方面也可以促进企业建立更加规范的管理体制，从而促进用人单位的长远发展。《福建省工会劳动法律监督条例》第八条、第二十二条均对用人单位主动接受和配合工会实施工会劳动法律监督作出明确的规定，当工会对用人单位开展劳动法律监督时，用人单位应当主动配合，提供工会劳动法律监督需要的材料和必要的条件等。

二、工会劳动法律监督经费保障

工会经费是工会开展各项工作、服务职工群众的基础和前提，是工会依法履行职责、实现职能、发挥作用、不断壮大的物质保障。工会依法开展工会劳动法律监督，维护职工的合法权益，离不开工会经费的支持保障。工会实施工会劳动法律监督的经费保障范围主要包括以下几方面：

（一）行政费用的支出保障

工会劳动法律监督组织（包括工会劳动法律监督委员会及工会劳动法律监督员）依法开展工会劳动法律监督工作时，在行政管理、后勤保障、差旅等方面的日常支出，包括人事费、公务费等项目应该得到保障。《福建省工会劳动法律监督条例》第十七条规定，工会应当将实施工会劳动法律监督所需的各项经费依法纳入本级工会预算，给予基层工会劳动法律监督员适当补助。

（二）培训费用的支出保障

《福建省工会劳动法律监督条例》第十二条第一款明确规定，地方总工会劳动法律监督委员会有培训工会劳动法律监督员的职责。各级工会应当将工会劳动法律监督员的培训经费纳入本级工会预算，包括开展工会劳动法律监督员教育和培训所需的场地费用、教师酬金、住宿费用等必备费用。

（三）工会劳动法律监督费用的支出保障

工会经费主要用于以下几方面的工会劳动法律监督的开支：（1）工会劳动法律监督组织开展现场调查时发生的调查费用；（2）工会劳动法律监督组织协调劳动纠纷时，组织、参与用人单位和职工的协商解决时发生的协调费用；（3）参与组织开展专题调研督查等其他监督活动的支出。

（四）其他费用的支出保障

《福建省工会劳动法律监督条例》第十七条规定，县级以上地方总工会可以通过设立法律顾问、聘请律师、购买服务等方式为工会劳动法律监督委员会提供法律服务。

三、工会劳动法律监督员权益保障

工会干部特别是工会劳动法律监督员在开展劳动法律监督工作、维护职工合法权益时，自身权益难以得到保障的现象一定范围内存在。因此，依法保护工会干部的合法权益，一直是各级工会和广大工会干部的强烈要求，《工会法》《福建省工会劳动法律监督条例》等对罢免工会专职主席、副主席或者委员，工会劳动法律监督员的劳动合同和任职期限、调岗调职、劳动合同解除等实体和程序做了大量保护性的规定，从法律规定上解决了工会干部依法维权的后顾之忧。

（一）工会劳动法律监督员的任职保障

工会劳动法律监督员在开展工会劳动法律监督、维护职工合法权益时，很容易与用人单位发生矛盾并受到打击报复。例如，用人单位以各种理由解除为职工维权的工会劳动法律监督员的劳动合同，或者将其调离原工作岗位，或者降低其工资待遇；用人单位在工会劳动法律监督员劳动合同到期后以各种借口不续签劳动合同，有的工会劳动法律监督员甚至在任职期间即被解除劳动合同。工会干部维护职工合法权益，自身的权益却难以得到保障的现象在一些地区和企业中仍有发生，这直接影响到工会劳动法律监督员的积极性和监督队伍的稳定，影响到工会劳动法律监督工作的持续开展。用人单位违反上述规定，对依法履行职责的工会工作人员无正当理由调动工作岗位、解除职务和解除劳动合同，进行打击报复的，由劳动行政部门责令改正、恢复原工作；造成损失的，给予赔偿。

（二）工会劳动法律监督员的任期保障

《工会法》《福建省工会劳动法律监督条例》均对福建省工会干部劳动合同期限作出保护性规定，工会劳动法律监督员作为工会干部，也可以根据有关法律的规定和立法精神，参照适用。

1. 对于专职工会劳动法律监督员劳动合同期限的保护

《工会法》第十八条规定，基层工会专职主席、副主席或者委员自任职之日起，其劳动合同期限自动延长，延长期限相当于其任职期间。即专职工会劳动法律监督员当被会员选为专职工会主席、副主席或者委员时，其与用人单位签订的劳动合同中约定的期限自动延长，专职工会干部的任期就是延长期；如果连选连任，劳动合同延长的期限也连续累加。比如，某工会劳动法律监督员劳动合同期限是 5 年，其已履职 2 年后当选为专职工会干部，任期 5 年，那么担任工会干部职务的这 5 年是追加的劳动合同期间，劳动合同按任期自动延长，直至其任期届满。任期届满后，其任专职工会干部前尚未履行的 3 年劳动合同继续履行，即劳动合同自动延长为 10 年期限。

2. 对于非专职工会劳动法律监督员劳动合同期限的保护

《工会法》第十八条规定，非专职主席、副主席或者委员自任职之日起，其尚未履行的劳动合同期限短于任期的，劳动合同期限自动延长至任期期满。《福建省工会劳动法律监督条例》第十四条规定，工会劳动法律监督委员会任期与本级工会任期相同。即非专职工会劳动法律监督员自任职之日起，该职工与用人单位签订的劳动合同还未履行的期限短于本级工会任期的，其劳动合同期限自动延长至本级工会任期期满。

3. 不予延长工会劳动法律监督员劳动合同期限的情况

《工会法》规定了工会干部劳动合同延长期限的例外条件，工会劳动法律监督员属于工会干部，也适用《工会法》的规定，即不论是专职工会劳动法律监督员还是非专职工会劳动法律监督员，若存在个人严重过失或者达到法定退休年龄的情况，劳动合同期限不再延长。这里的“个人严重过失”，依照《最高人民法院关于在民事审判工作中适用〈中华人民共和国工会法〉若干问题的解释》的规定，是指具有《劳动法》规定的下列情形：严重违反劳动纪律或者用人单位规章制度的；严重失职，营私舞弊，对用人单位利益造成重大损害的；被依法追究刑事责任，用人单位可以依法解除其劳动合同的情况。此外，根据《福建省工会劳动法律监督条例》

第二十九条规定，工会劳动法律监督员违反本条例规定，损害职工或者用人单位合法权益的，由本级工会责令改正；情节严重的，撤销其工会劳动法律监督员资格，收回《工会劳动法律监督员证》，不得再次担任工会劳动法律监督员；因故意或者重大过失，造成用人单位直接经济损失的，应当依法承担相应的法律责任。当工会劳动法律监督员被撤销资格后，其劳动合同也就不再适用有关规定予以延长。另外，当工会劳动法律监督员达到法定退休年龄时，劳动合同也不再自动延长。

（三）工会劳动法律监督员工资、福利待遇保障

由专职工会干部兼任的工会劳动法律监督员，或者专职工会劳动法律监督员，其工资、福利待遇参照《工会法》等有关法律法规关于专职工会干部的规定，即工资、奖励、补贴由所在单位支付，社会保险和其他福利待遇等享受本单位职工同等待遇。这里的工资，是指与基层工会专职工作人员的职务相对应的工资。企业、事业单位和机关有附加工资的，也包括附加工资；实行结构工资制的单位，应包括基础工资、职务工资、工龄工资。企业、事业单位工会委员会专职工作人员的奖励、补贴的发放，与企业、事业单位中同等的管理人员同等对待。机关工会委员会的专职工作人员的奖励、补贴的发放，与机关工作人员同等对待。

（四）工会干部参加工会工作的时间保障

《工会法》第四十条规定，基层工会委员会召开会议或者组织职工活动，应当在生产或者工作时间以外进行，需要占用生产或者工作时间的，应当事先征得企业、事业单位的同意。

基层工会的非专职委员占用生产或者工作时间参加会议或者从事工会工作，每月不超过三个工作日，其工资照发，其他待遇不受影响。

附 | 本章重点条文

《安全生产法》第六十三条

《工会法》第十七条、第十八条、第二十五条、第四十条、第四十一条、第四十二条、第五十一条、第五十二条

《基层工会经费收支管理办法》第六条、第七条、第九条

《福建省基层工会经费收支管理实施办法》第三条、第六条、第七条、第九条

《劳动保障监察条例》第二十九条

《最高人民法院关于在民事审判工作中适用〈中华人民共和国工会法〉若干问题的解释》第六条

《福建省工会劳动法律监督条例》第八条、第十七条、第二十二条

第六章

工会劳动法律监督的法律责任

法律责任，是指由于特定的主体没有履行法定或者约定的义务而应承担的不利法律后果。法律的生命力在于实施，对违法行为追究法律责任是法律制度的重要组成部分，这是决定和提高法律实施效果的重要保障。根据《劳动法》《工会法》《福建省工会劳动法律监督条例》等相关法律法规，工会开展劳动法律监督工作既是权力又是职责。但是工会行使劳动法律监督权力，可能受到用人单位的干扰和阻挠，致使相关机关及其工作人员可能难以履行职责。如果工会劳动法律监督员违法行使劳动法律监督权力或怠于履行劳动法律监督职责，也会对用人单位或职工的合法权益造成损害。为此，需要设置相应的法律责任机制，以保障工会劳动法律监督工作依法行使、流畅运转、落到实处、取得实效。

一、用人单位妨碍工会劳动法律监督的法律责任

（一）用人单位妨碍工会依法开展劳动法律监督的法律责任

工会开展劳动法律监督离不开用人单位的配合与支持。在工会劳动法律监督员依法调查时，用人单位拒不配合，阻挠调查，有伪造、隐匿、毁灭或者拒绝提供资料的情形的，工会劳动法律监督员应当如实记录相关情况，并及时向同级工会或者上级工会报告，由本级工会或者上级工会根据实际情况向用人单位发出《工会劳动法律监督意见书》，并提出整改意见。用人单位收到《工会劳动法律监督意见书》后，未在规定期限内答复，或者无正当理由拒不改正的，由行业工会、基层工会提请地方总工会向同级人民政府人力资源和社会保障部门发出《工会劳动法律监督建议书》，由人力资源和社会保障部门依法调查处理；对于人力资源和社会保障部门提出的整改意见，用人单位拒不改正的，由人力资源和社会保障部门对其处以二千元以上二万元以下罚款。

（二）用人单位侵害工会劳动法律监督员和职工合法权益的法律责任

（1）工会劳动法律监督委员会主任由工会主席或者副主席担任，监督员从工会会员中推选产生，工会劳动法律监督委员会任期与本级工会任期相同。工会主席、副主席任期未满时，用人单位不得随意调动其工作。确因工作需要调动时，应当征得本级工会委员会和上一级工会的同意。因此，当工会主席或副主席兼任工会劳动法律监督委员会主任时，享受《工会法》和《福建省工会劳动法律监督条例》的双重身份保障。用人单位违反法律规定，对依法履行职责的工会劳动法律监督员无正当理由调动其工作岗位，进行打击报复的，由人力资源和社会保障部门责令改正，恢复工会劳动法律监督员的工作。用人单位的违法行为给工会劳动法律监督员造成损失的，应当给予赔偿。

（2）用人单位违反法律规定，对依法履行职责的工会劳动法律监督员进行侮辱、诽谤或者进行人身伤害，构成犯罪的，应当依据《刑法》的规定追究刑事责任；尚未构成犯罪的，应当依照《治安管理处罚法》的规定，由公安机关依法给予行政处罚。

（3）用人单位违反法律法规规定，对依法履行职责的工会劳动法律监督员和反映情况的职工，采取扣减工资福利、降低职级、免除职务等方式进行打击报复的，由人力资源和社会保障部门责令改正；工会劳动法律监督员被违法解除劳动合同的，由人力资源和社会保障部门责令恢复其工作，并补发被解除劳动合同期间应得的报酬（这里的报酬可作广义理解，包括工资、奖金、津贴、补贴等），或者给予本人年收入二倍的赔偿；用人单位对工会劳动法律监督员进行打击报复构成犯罪的，应依法追究相关责任人刑事责任。

二、工会劳动法律监督员违法行使权力的法律责任

权力意味着责任。有权必有责，用权当负责，违法必追究。工会劳动法律监督员违反法律规定，损害职工、用人单位或者工会权益的违法行为，主要有以下几种：第一，工会劳动法律监督员不履行《工会法》《福建省工会劳动法律监督条例》等规定的职责，不关心和维护职工的合法权益。第二，工会劳动法律监督员因其他违法行为侵害了职工、用人单位或者工会的合法权益，包括工会劳动法律监督员等在内的工会干部被本身有违法行为的用人单位收买，反过来与职工对立。除了不履行应尽的职责外，有的工会劳动法律监督员还可能存在滥用职权的违法行为，包括出于个人目的，借监督之名，组织职工停产停工，从而要挟用人单位为自己升职加薪等。工会劳动法律监督员有上述行为时，应当承担相应的法律责任，包括行政责任、民事责任和刑事责任。

（一）行政责任

工会劳动法律监督员违反《工会法》《福建省工会劳动法律监督条例》

等相关规定，侵害职工、用人单位合法权益的，由同级工会或者上级工会责令改正，或者予以处分。情节严重的，撤销其工会劳动法律监督员资格，收回《工会劳动法律监督员证》，不得再次担任工会劳动法律监督员。职工或者用人单位发现工会劳动法律监督员利用职务便利损害其合法权益的，可以向本级工会或者上级工会举报投诉。

（二）民事责任

工会劳动法律监督员因故意或者重大过失，造成用人单位直接经济损失的，应当依法承担相应的民事赔偿责任。

（三）刑事责任

《福建省工会劳动法律监督条例》未对工会劳动法律监督员的刑事责任作出具体规定，但工会劳动法律监督员作为工会工作人员及我国公民，同样适用《刑法》《工会法》《监察法》的有关规定，工会劳动法律监督员违反上述法律，因贪污、挪用工会经费以及收受贿赂等违法行为，侵害职工、用人单位或者工会权益构成犯罪的，应当依法承担刑事责任。

三、国家机关工作人员妨碍工会劳动法律监督的法律责任

法的适用或执行，是由法定的国家机关及其工作人员，依照法定职权和法定程序，具体处理相关案件。然而在现实生活中，可能存在一些国家工作人员姑息纵容、滥用职权、玩忽职守、徇私舞弊的现象，这在工会劳动法律监督中主要体现在两个方面：一方面是用人单位可能以利益等诱惑有关行政机关工作人员以求对用人单位减轻甚至免除处罚。另一方面是地方政府或其相关部门有时可能为了社会经济的发展对用人单位违反劳动法律法规的行为姑息纵容，而对工会劳动法律监督置之不理，造成执法不作为或妨碍，甚至拒绝执法。国家机关工作人员违反《工会法》《福建省工

会劳动法律监督条例》等有关法律法规，妨碍工会劳动法律监督工作的，由其所在行政部门责令改正；情节严重的，给予行政处分。工会有权提请人民政府或者有关部门予以处理，或者向人民法院提起诉讼。

四、注意事项

（一）同级工会与上级工会的责任与担当

在实践中，有的政府相关部门对工会开展工会劳动法律监督的重要性认识不足，加上一些地方尚未建立劳动保障监察执法与工会劳动法律监督相互协调配合机制，有的县（市、区）人社部门收到同级总工会的《工会劳动法律监督建议书》之后，没有依法处理，或迟迟未按《福建省工会劳动法律监督条例》的规定反馈处理结果的，需要上级工会出面做好协调工作，督促相关政府部门正确履职。

（二）工会法律责任与工会劳动法律监督员法律责任的界分与处理

当职工利益遭受侵害时，个别工会劳动法律监督员可能怠于行使监督权，甚至可能因为受到企业的利益诱惑或威胁而拒绝行使监督权。对工会劳动法律监督员的此类行为，同级工会应承担法律责任。一种情况是，工会劳动法律监督员以工会名义因执行职务而违反有关法律法规，工会对此应该承担法律责任。也就是说，工会劳动法律监督员违反《工会法》等有关规定，损害劳动者权益的，其法律责任应由工会承担，工会应以其法人财产承担损害赔偿责任。工会在承担责任后，可以向有故意或重大过失的工会劳动法律监督员追偿。另一种情况是，工会劳动法律监督员个人的非职务违法行为，应由其个人负责，工会不承担相关法律责任。

附 | 本章重点条文

《刑法》第二百四十六条、第三百九十七条

《工会法》第四十九条、第五十一条、第五十二条

《治安管理处罚法》第二十条、第四十二条

《监察法》第六十三条

《福建省工会劳动法律监督条例》第二十二条、第二十七条、第二十八条、第二十九条、第三十条

附　　录

中华人民共和国劳动法（节选）

第三条 劳动者享有平等就业和选择职业的权利、取得劳动报酬的权利、休息休假的权利、获得劳动安全卫生保护的权利、接受职业技能培训的权利、享受社会保险和福利的权利、提请劳动争议处理的权利以及法律规定的其他劳动权利。

劳动者应当完成劳动任务，提高职业技能，执行劳动安全卫生规程，遵守劳动纪律和职业道德。

第四条 用人单位应当依法建立和完善规章制度，保障劳动者享有劳动权利和履行劳动义务。

第八条 劳动者依照法律规定，通过职工大会、职工代表大会或者其他形式，参与民主管理或者就保护劳动者合法权益与用人单位进行平等协商。

第十五条 禁止用人单位招用未满十六周岁的未成年人。

文艺、体育和特种工艺单位招用未满十六周岁的未成年人，必须遵守国家有关规定，并保障其接受义务教育的权利。

第三十条 用人单位解除劳动合同，工会认为不适当的，有权提出意见。如果用人单位违反法律、法规或者劳动合同，工会有权要求重新处理；劳动者申请仲裁或者提起诉讼的，工会应当依法给予支持和帮助。

第三十三条 企业职工一方与企业可以就劳动报酬、工作时间、休息休假、劳动安全卫生、保险福利等事项，签订集体合同。集体合同草案应当提交职工代表大会或者全体职工讨论通过。

集体合同由工会代表职工与企业签订；没有建立工会的企业，由职工推举的代表与企业签订。

第三十四条 集体合同签订后应当报送劳动行政部门；劳动行政部门自收到集体合同文本之日起十五日内未提出异议的，集体合同即行生效。

第三十五条 依法签订的集体合同对企业和企业全体职工具有约束力。职工个人与企业订立的劳动合同中劳动条件和劳动报酬等标准不得低于集体合同的规定。

第三十六条 国家实行劳动者每日工作时间不超过八小时、平均每周工作时间不超过四十四小时的工时制度。

第三十七条 对实行计件工作的劳动者，用人单位应当根据本法第三十六条规定的工时制度合理确定其劳动定额和计件报酬标准。

第三十八条 用人单位应当保证劳动者每周至少休息一日。

第三十九条 企业因生产特点不能实行本法第三十六条、第三十八条规定的，经劳动行政部门批准，可以实行其他工作和休息办法。

第四十一条 用人单位由于生产经营需要，经与工会和劳动者协商后可以延长工作时间，一般每日不得超过一小时；因特殊原因需要延长工作时间的，在保障劳动者身体健康的条件下延长工作时间每日不得超过三小时，但是每月不得超过三十六小时。

第四十三条 用人单位不得违反本法规定延长劳动者的工作时间。

第四十四条 有下列情形之一的，用人单位应当按照下列标准支付高于劳动者正常工作时间工资的工资报酬：

（一）安排劳动者延长工作时间的，支付不低于工资的百分之一百五十的工资报酬；

（二）休息日安排劳动者工作又不能安排补休的，支付不低于工资的百分之二百的工资报酬；

（三）法定休假日安排劳动者工作的，支付不低于工资的百分之三百的工资报酬。

第四十五条 国家实行带薪年休假制度。

劳动者连续工作一年以上的，享受带薪年休假。具体办法由国务院规定。

第四十六条 工资分配应当遵循按劳分配原则，实行同工同酬。

工资水平在经济发展的基础上逐步提高。国家对工资总量实行宏观调控。

第四十八条　国家实行最低工资保障制度。最低工资的具体标准由省、自治区、直辖市人民政府规定，报国务院备案。

用人单位支付劳动者的工资不得低于当地最低工资标准。

第四十九条　确定和调整最低工资标准应当综合参考下列因素：

（一）劳动者本人及平均赡养人口的最低生活费用；

（二）社会平均工资水平；

（三）劳动生产率；

（四）就业状况；

（五）地区之间经济发展水平的差异。

第五十条　工资应当以货币形式按月支付给劳动者本人。不得克扣或者无故拖欠劳动者的工资。

第五十一条　劳动者在法定休假日和婚丧假期间以及依法参加社会活动期间，用人单位应当依法支付工资。

第五十八条　国家对女职工和未成年工实行特殊劳动保护。

未成年工是指年满十六周岁未满十八周岁的劳动者。

第五十九条　禁止安排女职工从事矿山井下、国家规定的第四级体力劳动强度的劳动和其他禁忌从事的劳动。

第六十条　不得安排女职工在经期从事高处、低温、冷水作业和国家规定的第三级体力劳动强度的劳动。

第六十一条　不得安排女职工在怀孕期间从事国家规定的第三级体力劳动强度的劳动和孕期禁忌从事的活动。对怀孕七个月以上的女职工，不得安排其延长工作时间和夜班劳动。

第六十三条　不得安排女职工在哺乳未满一周岁的婴儿期间从事国家规定的第三级体力劳动强度的劳动和哺乳期禁忌从事的其他劳动，不得安排其延长工作时间和夜班劳动。

第六十四条　不得安排未成年工从事矿山井下、有毒有害、国家规定的第四级体力劳动强度的劳动和其他禁忌从事的劳动。

第六十五条 用人单位应当对未成年工定期进行健康检查。

第六十八条 用人单位应当建立职业培训制度，按照国家规定提取和使用职业培训经费，根据本单位实际，有计划地对劳动者进行职业培训。

从事技术工种的劳动者，上岗前必须经过培训。

第八十四条 因签订集体合同发生争议，当事人协商解决不成的，当地人民政府劳动行政部门可以组织有关各方协调处理。

因履行集体合同发生争议，当事人协商解决不成的，可以向劳动争议仲裁委员会申请仲裁；对仲裁裁决不服的，可以自收到仲裁裁决书之日起十五日内向人民法院提起诉讼。

第八十八条 各级工会依法维护劳动者的合法权益，对用人单位遵守劳动法律、法规的情况进行监督。

任何组织和个人对于违反劳动法律、法规的行为有权检举和控告。

第八十九条 用人单位制定的劳动规章制度违反法律、法规规定的，由劳动行政部门给予警告，责令改正；对劳动者造成损害的，应当承担赔偿责任。

第九十条 用人单位违反本法规定，延长劳动者工作时间的，由劳动行政部门给予警告，责令改正，并可以处以罚款。

第九十一条 用人单位有下列侵害劳动者合法权益情形之一的，由劳动行政部门责令支付劳动者的工资报酬、经济补偿，并可以责令支付赔偿金：

（一）克扣或者无故拖欠劳动者工资的；

（二）拒不支付劳动者延长工作时间工资报酬的；

（三）低于当地最低工资标准支付劳动者工资的；

（四）解除劳动合同后，未依照本法规定给予劳动者经济补偿的。

第九十四条 用人单位非法招用未满十六周岁的未成年人的，由劳动行政部门责令改正，处以罚款；情节严重的，由市场监督管理部门吊销营业执照。

中华人民共和国劳动合同法（节选）

第四条 用人单位应当依法建立和完善劳动规章制度，保障劳动者享有劳动权利、履行劳动义务。

用人单位在制定、修改或者决定有关劳动报酬、工作时间、休息休假、劳动安全卫生、保险福利、职工培训、劳动纪律以及劳动定额管理等直接涉及劳动者切身利益的规章制度或者重大事项时，应当经职工代表大会或者全体职工讨论，提出方案和意见，与工会或者职工代表平等协商确定。

在规章制度和重大事项决定实施过程中，工会或者职工认为不适当的，有权向用人单位提出，通过协商予以修改完善。

用人单位应当将直接涉及劳动者切身利益的规章制度和重大事项决定公示，或者告知劳动者。

第六条 工会应当帮助、指导劳动者与用人单位依法订立和履行劳动合同，并与用人单位建立集体协商机制，维护劳动者的合法权益。

第七条 用人单位自用工之日起即与劳动者建立劳动关系。用人单位应当建立职工名册备查。

第九条 用人单位招用劳动者，不得扣押劳动者的居民身份证和其他证件，不得要求劳动者提供担保或者以其他名义向劳动者收取财物。

第十条 建立劳动关系，应当订立书面劳动合同。

已建立劳动关系，未同时订立书面劳动合同的，应当自用工之日起一个月内订立书面劳动合同。

用人单位与劳动者在用工前订立劳动合同的，劳动关系自用工之日起建立。

第十一条 用人单位未在用工的同时订立书面劳动合同，与劳动者约定的劳动报酬不明确的，新招用的劳动者的劳动报酬按照集体合同规定的标准执行；没有集体合同或者集体合同未规定的，实行同工同酬。

第十八条 劳动合同对劳动报酬和劳动条件等标准约定不明确，引发争议的，用人单位与劳动者可以重新协商；协商不成的，适用集体合同规定；没有集体合同或者集体合同未规定劳动报酬的，实行同工同酬；没有集体合同或者集体合同未规定劳动条件等标准的，适用国家有关规定。

第十九条 劳动合同期限三个月以上不满一年的，试用期不得超过一个月；劳动合同期限一年以上不满三年的，试用期不得超过二个月；三年以上固定期限和无固定期限的劳动合同，试用期不得超过六个月。

同一用人单位与同一劳动者只能约定一次试用期。

以完成一定工作任务为期限的劳动合同或者劳动合同期限不满三个月的，不得约定试用期。

试用期包含在劳动合同期限内。劳动合同仅约定试用期的，试用期不成立，该期限为劳动合同期限。

第二十条 劳动者在试用期的工资不得低于本单位相同岗位最低档工资或者劳动合同约定工资的百分之八十，并不得低于用人单位所在地的最低工资标准。

第二十五条 除本法第二十二条和第二十三条规定的情形外，用人单位不得与劳动者约定由劳动者承担违约金。

第三十条 用人单位应当按照劳动合同约定和国家规定，向劳动者及时足额支付劳动报酬。

用人单位拖欠或者未足额支付劳动报酬的，劳动者可以依法向当地人民法院申请支付令，人民法院应当依法发出支付令。

第三十一条 用人单位应当严格执行劳动定额标准，不得强迫或者变相强迫劳动者加班。用人单位安排加班的，应当按照国家有关规定向劳动者支付加班费。

第三十二条 劳动者拒绝用人单位管理人员违章指挥、强令冒险作业的，不视为违反劳动合同。

第三十六条　用人单位与劳动者协商一致，可以解除劳动合同。

第三十七条　劳动者提前三十日以书面形式通知用人单位，可以解除劳动合同。劳动者在试用期内提前三日通知用人单位，可以解除劳动合同。

第三十八条　用人单位有下列情形之一的，劳动者可以解除劳动合同：

（一）未按照劳动合同约定提供劳动保护或者劳动条件的；

（二）未及时足额支付劳动报酬的；

（三）未依法为劳动者缴纳社会保险费的；

（四）用人单位的规章制度违反法律、法规的规定，损害劳动者权益的；

（五）因本法第二十六条第一款规定的情形致使劳动合同无效的；

（六）法律、行政法规规定劳动者可以解除劳动合同的其他情形。

用人单位以暴力、威胁或者非法限制人身自由的手段强迫劳动者劳动的，或者用人单位违章指挥、强令冒险作业危及劳动者人身安全的，劳动者可以立即解除劳动合同，不需事先告知用人单位。

第三十九条　劳动者有下列情形之一的，用人单位可以解除劳动合同：

（一）在试用期间被证明不符合录用条件的；

（二）严重违反用人单位的规章制度的；

（三）严重失职，营私舞弊，给用人单位造成重大损害的；

（四）劳动者同时与其他用人单位建立劳动关系，对完成本单位的工作任务造成严重影响，或者经用人单位提出，拒不改正的；

（五）因本法第二十六条第一款第一项规定的情形致使劳动合同无效的；

（六）被依法追究刑事责任的。

第四十条　有下列情形之一的，用人单位提前三十日以书面形式通知劳动者本人或者额外支付劳动者一个月工资后，可以解除劳动合同：

（一）劳动者患病或者非因工负伤，在规定的医疗期满后不能从事原工作，也不能从事由用人单位另行安排的工作的；

（二）劳动者不能胜任工作，经过培训或者调整工作岗位，仍不能胜任工作的；

（三）劳动合同订立时所依据的客观情况发生重大变化，致使劳动合同无法履行，经用人单位与劳动者协商，未能就变更劳动合同内容达成协议的。

第四十一条 有下列情形之一，需要裁减人员二十人以上或者裁减不足二十人但占企业职工总数百分之十以上的，用人单位提前三十日向工会或者全体职工说明情况，听取工会或者职工的意见后，裁减人员方案经向劳动行政部门报告，可以裁减人员：

（一）依照企业破产法规定进行重整的；

（二）生产经营发生严重困难的；

（三）企业转产、重大技术革新或者经营方式调整，经变更劳动合同后，仍需裁减人员的；

（四）其他因劳动合同订立时所依据的客观经济情况发生重大变化，致使劳动合同无法履行的。

裁减人员时，应当优先留用下列人员：

（一）与本单位订立较长期限的固定期限劳动合同的；

（二）与本单位订立无固定期限劳动合同的；

（三）家庭无其他就业人员，有需要扶养的老人或者未成年人的。

用人单位依照本条第一款规定裁减人员，在六个月内重新招用人员的，应当通知被裁减的人员，并在同等条件下优先招用被裁减的人员。

第四十二条 劳动者有下列情形之一的，用人单位不得依照本法第四十条、第四十一条的规定解除劳动合同：

（一）从事接触职业病危害作业的劳动者未进行离岗前职业健康检查，或者疑似职业病病人在诊断或者医学观察期间的；

（二）在本单位患职业病或者因工负伤并被确认丧失或者部分丧失劳动能力的；

（三）患病或者非因工负伤，在规定的医疗期内的；

（四）女职工在孕期、产期、哺乳期的；

（五）在本单位连续工作满十五年，且距法定退休年龄不足五年的；

（六）法律、行政法规规定的其他情形。

第四十三条　用人单位单方解除劳动合同，应当事先将理由通知工会。用人单位违反法律、行政法规规定或者劳动合同约定的，工会有权要求用人单位纠正。用人单位应当研究工会的意见，并将处理结果书面通知工会。

第四十四条　有下列情形之一的，劳动合同终止：

（一）劳动合同期满的；

（二）劳动者开始依法享受基本养老保险待遇的；

（三）劳动者死亡，或者被人民法院宣告死亡或者宣告失踪的；

（四）用人单位被依法宣告破产的；

（五）用人单位被吊销营业执照、责令关闭、撤销或者用人单位决定提前解散的；

（六）法律、行政法规规定的其他情形。

第四十六条　有下列情形之一的，用人单位应当向劳动者支付经济补偿：

（一）劳动者依照本法第三十八条规定解除劳动合同的；

（二）用人单位依照本法第三十六条规定向劳动者提出解除劳动合同并与劳动者协商一致解除劳动合同的；

（三）用人单位依照本法第四十条规定解除劳动合同的；

（四）用人单位依照本法第四十一条第一款规定解除劳动合同的；

（五）除用人单位维持或者提高劳动合同约定条件续订劳动合同，劳动者不同意续订的情形外，依照本法第四十四条第一项规定终止固定期限劳动合同的；

（六）依照本法第四十四条第四项、第五项规定终止劳动合同的；

（七）法律、行政法规规定的其他情形。

第四十七条　经济补偿按劳动者在本单位工作的年限，每满一年支付一个月工资的标准向劳动者支付。六个月以上不满一年的，按一年计算；

不满六个月的，向劳动者支付半个月工资的经济补偿。

劳动者月工资高于用人单位所在直辖市、设区的市级人民政府公布的本地区上年度职工月平均工资三倍的，向其支付经济补偿的标准按职工月平均工资三倍的数额支付，向其支付经济补偿的年限最高不超过十二年。

本条所称月工资是指劳动者在劳动合同解除或者终止前十二个月的平均工资。

第四十八条 用人单位违反本法规定解除或者终止劳动合同，劳动者要求继续履行劳动合同的，用人单位应当继续履行；劳动者不要求继续履行劳动合同或者劳动合同已经不能继续履行的，用人单位应当依照本法第八十七条规定支付赔偿金。

第五十条 用人单位应当在解除或者终止劳动合同时出具解除或者终止劳动合同的证明，并在十五日内为劳动者办理档案和社会保险关系转移手续。

劳动者应当按照双方约定，办理工作交接。用人单位依照本法有关规定应当向劳动者支付经济补偿的，在办结工作交接时支付。

用人单位对已经解除或者终止的劳动合同的文本，至少保存二年备查。

第五十一条 企业职工一方与用人单位通过平等协商，可以就劳动报酬、工作时间、休息休假、劳动安全卫生、保险福利等事项订立集体合同。集体合同草案应当提交职工代表大会或者全体职工讨论通过。

集体合同由工会代表企业职工一方与用人单位订立；尚未建立工会的用人单位，由上级工会指导劳动者推举的代表与用人单位订立。

第五十二条 企业职工一方与用人单位可以订立劳动安全卫生、女职工权益保护、工资调整机制等专项集体合同。

第五十三条 在县级以下区域内，建筑业、采矿业、餐饮服务业等行业可以由工会与企业方面代表订立行业性集体合同，或者订立区域性集体合同。

第五十四条 集体合同订立后，应当报送劳动行政部门；劳动行政部门自收到集体合同文本之日起十五日内未提出异议的，集体合同即行生效。

依法订立的集体合同对用人单位和劳动者具有约束力。行业性、区域性集体合同对当地本行业、本区域的用人单位和劳动者具有约束力。

第五十五条 集体合同中劳动报酬和劳动条件等标准不得低于当地人民政府规定的最低标准；用人单位与劳动者订立的劳动合同中劳动报酬和劳动条件等标准不得低于集体合同规定的标准。

第五十六条 用人单位违反集体合同，侵犯职工劳动权益的，工会可以依法要求用人单位承担责任；因履行集体合同发生争议，经协商解决不成的，工会可以依法申请仲裁、提起诉讼。

第五十八条 劳务派遣单位是本法所称用人单位，应当履行用人单位对劳动者的义务。劳务派遣单位与被派遣劳动者订立的劳动合同，除应当载明本法第十七条规定的事项外，还应当载明被派遣劳动者的用工单位以及派遣期限、工作岗位等情况。

劳务派遣单位应当与被派遣劳动者订立二年以上的固定期限劳动合同，按月支付劳动报酬；被派遣劳动者在无工作期间，劳务派遣单位应当按照所在地人民政府规定的最低工资标准，向其按月支付报酬。

第五十九条 劳务派遣单位派遣劳动者应当与接受以劳务派遣形式用工的单位（以下称用工单位）订立劳务派遣协议。劳务派遣协议应当约定派遣岗位和人员数量、派遣期限、劳动报酬和社会保险费的数额与支付方式以及违反协议的责任。

用工单位应当根据工作岗位的实际需要与劳务派遣单位确定派遣期限，不得将连续用工期限分割订立数个短期劳务派遣协议。

第六十条 劳务派遣单位应当将劳务派遣协议的内容告知被派遣劳动者。

劳务派遣单位不得克扣用工单位按照劳务派遣协议支付给被派遣劳动者的劳动报酬。

劳务派遣单位和用工单位不得向被派遣劳动者收取费用。

第六十一条 劳务派遣单位跨地区派遣劳动者的，被派遣劳动者享有的劳动报酬和劳动条件，按照用工单位所在地的标准执行。

第六十三条 被派遣劳动者享有与用工单位的劳动者同工同酬的权

利。用工单位应当按照同工同酬原则，对被派遣劳动者与本单位同类岗位的劳动者实行相同的劳动报酬分配办法。用工单位无同类岗位劳动者的，参照用工单位所在地相同或者相近岗位劳动者的劳动报酬确定。

劳务派遣单位与被派遣劳动者订立的劳动合同和与用工单位订立的劳务派遣协议，载明或者约定的向被派遣劳动者支付的劳动报酬应当符合前款规定。

第六十四条　被派遣劳动者有权在劳务派遣单位或者用工单位依法参加或者组织工会，维护自身的合法权益。

第六十六条　劳动合同用工是我国的企业基本用工形式。劳务派遣用工是补充形式，只能在临时性、辅助性或者替代性的工作岗位上实施。

前款规定的临时性工作岗位是指存续时间不超过六个月的岗位；辅助性工作岗位是指为主营业务岗位提供服务的非主营业务岗位；替代性工作岗位是指用工单位的劳动者因脱产学习、休假等原因无法工作的一定期间内，可以由其他劳动者替代工作的岗位。

用工单位应当严格控制劳务派遣用工数量，不得超过其用工总量的一定比例，具体比例由国务院劳动行政部门规定。

第六十七条　用人单位不得设立劳务派遣单位向本单位或者所属单位派遣劳动者。

第六十九条　非全日制用工双方当事人可以订立口头协议。

从事非全日制用工的劳动者可以与一个或者一个以上用人单位订立劳动合同；但是，后订立的劳动合同不得影响先订立的劳动合同的履行。

第七十二条　非全日制用工小时计酬标准不得低于用人单位所在地人民政府规定的最低小时工资标准。

非全日制用工劳动报酬结算支付周期最长不得超过十五日。

第七十四条　县级以上地方人民政府劳动行政部门依法对下列实施劳动合同制度的情况进行监督检查：

（一）用人单位制定直接涉及劳动者切身利益的规章制度及其执行的情况；

（二）用人单位与劳动者订立和解除劳动合同的情况；

（三）劳务派遣单位和用工单位遵守劳务派遣有关规定的情况；

（四）用人单位遵守国家关于劳动者工作时间和休息休假规定的情况；

（五）用人单位支付劳动合同约定的劳动报酬和执行最低工资标准的情况；

（六）用人单位参加各项社会保险和缴纳社会保险费的情况；

（七）法律、法规规定的其他劳动监察事项。

第七十八条 工会依法维护劳动者的合法权益，对用人单位履行劳动合同、集体合同的情况进行监督。用人单位违反劳动法律、法规和劳动合同、集体合同的，工会有权提出意见或者要求纠正；劳动者申请仲裁、提起诉讼的，工会依法给予支持和帮助。

第八十条 用人单位直接涉及劳动者切身利益的规章制度违反法律、法规规定的，由劳动行政部门责令改正，给予警告；给劳动者造成损害的，应当承担赔偿责任。

第八十五条 用人单位有下列情形之一的，由劳动行政部门责令限期支付劳动报酬、加班费或者经济补偿；劳动报酬低于当地最低工资标准的，应当支付其差额部分；逾期不支付的，责令用人单位按应付金额百分之五十以上百分之一百以下的标准向劳动者加付赔偿金：

（一）未按照劳动合同的约定或者国家规定及时足额支付劳动者劳动报酬的；

（二）低于当地最低工资标准支付劳动者工资的；

（三）安排加班不支付加班费的；

（四）解除或者终止劳动合同，未依照本法规定向劳动者支付经济补偿的。

第八十七条 用人单位违反本法规定解除或者终止劳动合同的，应当依照本法第四十七条规定的经济补偿标准的二倍向劳动者支付赔偿金。

中华人民共和国刑法（节选）

第二百四十六条 以暴力或者其他方法公然侮辱他人或者捏造事实诽谤他人，情节严重的，处三年以下有期徒刑、拘役、管制或者剥夺政治权利。

前款罪，告诉的才处理，但是严重危害社会秩序和国家利益的除外。

第三百九十七条 国家机关工作人员滥用职权或者玩忽职守，致使公共财产、国家和人民利益遭受重大损失的，处三年以下有期徒刑或者拘役；情节特别严重的，处三年以上七年以下有期徒刑。本法另有规定的，依照规定。

国家机关工作人员徇私舞弊，犯前款罪的，处五年以下有期徒刑或者拘役；情节特别严重的，处五年以上十年以下有期徒刑。本法另有规定的，依照规定。

中华人民共和国社会保险法（节选）

第九条 工会依法维护职工的合法权益，有权参与社会保险重大事项的研究，参加社会保险监督委员会，对与职工社会保险权益有关的事项进行监督。

第十条 职工应当参加基本养老保险，由用人单位和职工共同缴纳基本养老保险费。

无雇工的个体工商户、未在用人单位参加基本养老保险的非全日制从业人员以及其他灵活就业人员可以参加基本养老保险，由个人缴纳基本养老保险费。

公务员和参照公务员法管理的工作人员养老保险的办法由国务院规定。

第十二条 用人单位应当按照国家规定的本单位职工工资总额的比例缴纳基本养老保险费，记入基本养老保险统筹基金。

职工应当按照国家规定的本人工资的比例缴纳基本养老保险费，记入个人账户。

无雇工的个体工商户、未在用人单位参加基本养老保险的非全日制从业人员以及其他灵活就业人员参加基本养老保险的，应当按照国家规定缴纳基本养老保险费，分别记入基本养老保险统筹基金和个人账户。

第十六条 参加基本养老保险的个人，达到法定退休年龄时累计缴费满十五年的，按月领取基本养老金。

参加基本养老保险的个人，达到法定退休年龄时累计缴费不足十五年的，可以缴费至满十五年，按月领取基本养老金；也可以转入新型农村社会养老保险或者城镇居民社会养老保险，按照国务院规定享受相应的养老保险待遇。

第二十三条 职工应当参加职工基本医疗保险，由用人单位和职工按照国家规定共同缴纳基本医疗保险费。

无雇工的个体工商户、未在用人单位参加职工基本医疗保险的非全日制从业人员以及其他灵活就业人员可以参加职工基本医疗保险，由个人按照国家规定缴纳基本医疗保险费。

第二十七条 参加职工基本医疗保险的个人，达到法定退休年龄时累计缴费达到国家规定年限的，退休后不再缴纳基本医疗保险费，按照国家规定享受基本医疗保险待遇；未达到国家规定年限的，可以缴费至国家规定年限。

第三十三条 职工应当参加工伤保险，由用人单位缴纳工伤保险费，职工不缴纳工伤保险费。

第三十五条 用人单位应当按照本单位职工工资总额，根据社会保险经办机构确定的费率缴纳工伤保险费。

第三十六条 职工因工作原因受到事故伤害或者患职业病，且经工伤认定的，享受工伤保险待遇；其中，经劳动能力鉴定丧失劳动能力的，享受伤残待遇。

工伤认定和劳动能力鉴定应当简捷、方便。

第三十八条 因工伤发生的下列费用，按照国家规定从工伤保险基金中支付：

（一）治疗工伤的医疗费用和康复费用；

（二）住院伙食补助费；

（三）到统筹地区以外就医的交通食宿费；

（四）安装配置伤残辅助器具所需费用；

（五）生活不能自理的，经劳动能力鉴定委员会确认的生活护理费；

（六）一次性伤残补助金和一至四级伤残职工按月领取的伤残津贴；

（七）终止或者解除劳动合同时，应当享受的一次性医疗补助金；

（八）因工死亡的，其遗属领取的丧葬补助金、供养亲属抚恤金和因工死亡补助金；

（九）劳动能力鉴定费。

第三十九条　因工伤发生的下列费用，按照国家规定由用人单位支付：

（一）治疗工伤期间的工资福利；

（二）五级、六级伤残职工按月领取的伤残津贴；

（三）终止或者解除劳动合同时，应当享受的一次性伤残就业补助金。

第四十条　工伤职工符合领取基本养老金条件的，停发伤残津贴，享受基本养老保险待遇。基本养老保险待遇低于伤残津贴的，从工伤保险基金中补足差额。

第四十一条　职工所在用人单位未依法缴纳工伤保险费，发生工伤事故的，由用人单位支付工伤保险待遇。用人单位不支付的，从工伤保险基金中先行支付。

从工伤保险基金中先行支付的工伤保险待遇应当由用人单位偿还。用人单位不偿还的，社会保险经办机构可以依照本法第六十三条的规定追偿。

第四十四条　职工应当参加失业保险，由用人单位和职工按照国家规定共同缴纳失业保险费。

第四十五条　失业人员符合下列条件的，从失业保险基金中领取失业保险金：

（一）失业前用人单位和本人已经缴纳失业保险费满一年的；

（二）非因本人意愿中断就业的；

（三）已经进行失业登记，并有求职要求的。

第四十六条　失业人员失业前用人单位和本人累计缴费满一年不足五年的，领取失业保险金的期限最长为十二个月；累计缴费满五年不足十年的，领取失业保险金的期限最长为十八个月；累计缴费十年以上的，领取失业保险金的期限最长为二十四个月。重新就业后，再次失业的，缴费时间重新计算，领取失业保险金的期限与前次失业应当领取而尚未领取的失业保险金的期限合并计算，最长不超过二十四个月。

第五十条　用人单位应当及时为失业人员出具终止或者解除劳动关系

的证明，并将失业人员的名单自终止或者解除劳动关系之日起十五日内告知社会保险经办机构。

失业人员应当持本单位为其出具的终止或者解除劳动关系的证明，及时到指定的公共就业服务机构办理失业登记。

失业人员凭失业登记证明和个人身份证明，到社会保险经办机构办理领取失业保险金的手续。失业保险金领取期限自办理失业登记之日起计算。

第五十三条 职工应当参加生育保险，由用人单位按照国家规定缴纳生育保险费，职工不缴纳生育保险费。

第五十四条 用人单位已经缴纳生育保险费的，其职工享受生育保险待遇；职工未就业配偶按照国家规定享受生育医疗费用待遇。所需资金从生育保险基金中支付。

生育保险待遇包括生育医疗费用和生育津贴。

第五十六条 职工有下列情形之一的，可以按照国家规定享受生育津贴：

（一）女职工生育享受产假；

（二）享受计划生育手术休假；

（三）法律、法规规定的其他情形。

生育津贴按照职工所在用人单位上年度职工月平均工资计发。

第五十八条 用人单位应当自用工之日起三十日内为其职工向社会保险经办机构申请办理社会保险登记。未办理社会保险登记的，由社会保险经办机构核定其应当缴纳的社会保险费。

自愿参加社会保险的无雇工的个体工商户、未在用人单位参加社会保险的非全日制从业人员以及其他灵活就业人员，应当向社会保险经办机构申请办理社会保险登记。

国家建立全国统一的个人社会保障号码。个人社会保障号码为公民身份号码。

第六十三条 用人单位未按时足额缴纳社会保险费的，由社会保险费征收机构责令其限期缴纳或者补足。

用人单位逾期仍未缴纳或者补足社会保险费的，社会保险费征收机构可以向银行和其他金融机构查询其存款账户；并可以申请县级以上有关行政部门作出划拨社会保险费的决定，书面通知其开户银行或者其他金融机构划拨社会保险费。用人单位账户余额少于应当缴纳的社会保险费的，社会保险费征收机构可以要求该用人单位提供担保，签订延期缴费协议。

用人单位未足额缴纳社会保险费且未提供担保的，社会保险费征收机构可以申请人民法院扣押、查封、拍卖其价值相当于应当缴纳社会保险费的财产，以拍卖所得抵缴社会保险费。

第八十条　统筹地区人民政府成立由用人单位代表、参保人员代表，以及工会代表、专家等组成的社会保险监督委员会，掌握、分析社会保险基金的收支、管理和投资运营情况，对社会保险工作提出咨询意见和建议，实施社会监督。

社会保险经办机构应当定期向社会保险监督委员会汇报社会保险基金的收支、管理和投资运营情况。社会保险监督委员会可以聘请会计师事务所对社会保险基金的收支、管理和投资运营情况进行年度审计和专项审计。审计结果应当向社会公开。

社会保险监督委员会发现社会保险基金收支、管理和投资运营中存在问题的，有权提出改正建议；对社会保险经办机构及其工作人员的违法行为，有权向有关部门提出依法处理建议。

中华人民共和国职业病防治法（节选）

第四条 劳动者依法享有职业卫生保护的权利。

用人单位应当为劳动者创造符合国家职业卫生标准和卫生要求的工作环境和条件，并采取措施保障劳动者获得职业卫生保护。

工会组织依法对职业病防治工作进行监督，维护劳动者的合法权益。用人单位制定或者修改有关职业病防治的规章制度，应当听取工会组织的意见。

第四十条 工会组织应当督促并协助用人单位开展职业卫生宣传教育和培训，有权对用人单位的职业病防治工作提出意见和建议，依法代表劳动者与用人单位签订劳动安全卫生专项集体合同，与用人单位就劳动者反映的有关职业病防治的问题进行协调并督促解决。

工会组织对用人单位违反职业病防治法律、法规，侵犯劳动者合法权益的行为，有权要求纠正；产生严重职业病危害时，有权要求采取防护措施，或者向政府有关部门建议采取强制性措施；发生职业病危害事故时，有权参与事故调查处理；发现危及劳动者生命健康的情形时，有权向用人单位建议组织劳动者撤离危险现场，用人单位应当立即作出处理。

中华人民共和国妇女权益保障法（节选）

第七条 中华全国妇女联合会和地方各级妇女联合会依照法律和中华全国妇女联合会章程，代表和维护各族各界妇女的利益，做好维护妇女权益的工作。

工会、共产主义青年团，应当在各自的工作范围内，做好维护妇女权益的工作。

第二十六条 任何单位均应根据妇女的特点，依法保护妇女在工作和劳动时的安全和健康，不得安排不适合妇女从事的工作和劳动。

妇女在经期、孕期、产期、哺乳期受特殊保护。

第二十七条 任何单位不得因结婚、怀孕、产假、哺乳等情形，降低女职工的工资，辞退女职工，单方解除劳动（聘用）合同或者服务协议。但是，女职工要求终止劳动（聘用）合同或者服务协议的除外。

各单位在执行国家退休制度时，不得以性别为由歧视妇女。

第四十条 禁止对妇女实施性骚扰。受害妇女有权向单位和有关机关投诉。

中华人民共和国残疾人保障法（节选）

第三十三条 国家实行按比例安排残疾人就业制度。

国家机关、社会团体、企业事业单位、民办非企业单位应当按照规定的比例安排残疾人就业，并为其选择适当的工种和岗位。达不到规定比例的，按照国家有关规定履行保障残疾人就业义务。国家鼓励用人单位超过规定比例安排残疾人就业。

残疾人就业的具体办法由国务院规定。

第三十八条 国家保护残疾人福利性单位的财产所有权和经营自主权，其合法权益不受侵犯。

在职工的招用、转正、晋级、职称评定、劳动报酬、生活福利、休息休假、社会保险等方面，不得歧视残疾人。

残疾职工所在单位应当根据残疾职工的特点，提供适当的劳动条件和劳动保护，并根据实际需要对劳动场所、劳动设备和生活设施进行改造。

国家采取措施，保障盲人保健和医疗按摩人员从业的合法权益。

第三十九条 残疾职工所在单位应当对残疾职工进行岗位技术培训，提高其劳动技能和技术水平。

第四十条 任何单位和个人不得以暴力、威胁或者非法限制人身自由的手段强迫残疾人劳动。

第四十七条 残疾人及其所在单位应当按照国家有关规定参加社会保险。

残疾人所在城乡基层群众性自治组织、残疾人家庭，应当鼓励、帮助残疾人参加社会保险。

对生活确有困难的残疾人，按照国家有关规定给予社会保险补贴。

中华人民共和国公司法（节选）

第十八条　公司职工依照《中华人民共和国工会法》组织工会，开展工会活动，维护职工合法权益。公司应当为本公司工会提供必要的活动条件。公司工会代表职工就职工的劳动报酬、工作时间、福利、保险和劳动安全卫生等事项依法与公司签订集体合同。

第四十四条　有限责任公司设董事会，其成员为三人至十三人；但是，本法第五十条另有规定的除外。

两个以上的国有企业或者两个以上的其他国有投资主体投资设立的有限责任公司，其董事会成员中应当有公司职工代表；其他有限责任公司董事会成员中可以有公司职工代表。董事会中的职工代表由公司职工通过职工代表大会、职工大会或者其他形式民主选举产生。

董事会设董事长一人，可以设副董事长。董事长、副董事长的产生办法由公司章程规定。

第五十一条　有限责任公司设监事会，其成员不得少于三人。股东人数较少或者规模较小的有限责任公司，可以设一至二名监事，不设监事会。

监事会应当包括股东代表和适当比例的公司职工代表，其中职工代表的比例不得低于三分之一，具体比例由公司章程规定。监事会中的职工代表由公司职工通过职工代表大会、职工大会或者其他形式民主选举产生。

监事会设主席一人，由全体监事过半数选举产生。监事会主席召集和主持监事会会议；监事会主席不能履行职务或者不履行职务的，由半数以上监事共同推举一名监事召集和主持监事会会议。

董事、高级管理人员不得兼任监事。

第六十八条 国有独资公司设经理，由董事会聘任或者解聘。经理依照本法第四十九条规定行使职权。

第七十条 国有独资公司监事会成员不得少于五人，其中职工代表的比例不得低于三分之一，具体比例由公司章程规定。

第一百零八条 股份有限公司设董事会，其成员为五人至十九人。

董事会成员中可以有公司职工代表。董事会中的职工代表由公司职工通过职工代表大会、职工大会或者其他形式民主选举产生。

第一百四十六条 有下列情形之一的，不得担任公司的董事、监事、高级管理人员：

（一）无民事行为能力或者限制民事行为能力；

（二）因贪污、贿赂、侵占财产、挪用财产或者破坏社会主义市场经济秩序，被判处刑罚，执行期满未逾五年，或者因犯罪被剥夺政治权利，执行期满未逾五年；

（三）担任破产清算的公司、企业的董事或者厂长、经理，对该公司、企业的破产负有个人责任的，自该公司、企业破产清算完结之日起未逾三年；

（四）担任因违法被吊销营业执照、责令关闭的公司、企业的法定代表人，并负有个人责任的，自该公司、企业被吊销营业执照之日起未逾三年；

（五）个人所负数额较大的债务到期未清偿。

公司违反前款规定选举、委派董事、监事或者聘任高级管理人员的，该选举、委派或者聘任无效。

董事、监事、高级管理人员在任职期间出现本条第一款所列情形的，公司应当解除其职务。

中华人民共和国监察法（节选）

第六十三条 有关人员违反本法规定，有下列行为之一的，由其所在单位、主管部门、上级机关或者监察机关责令改正，依法给予处理：

（一）不按要求提供有关材料，拒绝、阻碍调查措施实施等拒不配合监察机关调查的；

（二）提供虚假情况，掩盖事实真相的；

（三）串供或者伪造、隐匿、毁灭证据的；

（四）阻止他人揭发检举、提供证据的；

（五）其他违反本法规定的行为，情节严重的。

第六十四条 监察对象对控告人、检举人、证人或者监察人员进行报复陷害的；控告人、检举人、证人捏造事实诬告陷害监察对象的，依法给予处理。

中华人民共和国就业促进法（节选）

第四十七条 企业应当按照国家有关规定提取职工教育经费，对劳动者进行职业技能培训和继续教育培训。

中华人民共和国安全生产法（节选）

第七条　工会依法对安全生产工作进行监督。

生产经营单位的工会依法组织职工参加本单位安全生产工作的民主管理和民主监督，维护职工在安全生产方面的合法权益。生产经营单位制定或者修改有关安全生产的规章制度，应当听取工会的意见。

第八条　国务院和县级以上地方各级人民政府应当根据国民经济和社会发展规划制定安全生产规划，并组织实施。安全生产规划应当与城乡规划相衔接。

国务院和县级以上地方各级人民政府应当加强对安全生产工作的领导，支持、督促各有关部门依法履行安全生产监督管理职责，建立健全安全生产工作协调机制，及时协调、解决安全生产监督管理中存在的重大问题。

乡、镇人民政府以及街道办事处、开发区管理机构等地方人民政府的派出机关应当按照职责，加强对本行政区域内生产经营单位安全生产状况的监督检查，协助上级人民政府有关部门依法履行安全生产监督管理职责。

第九条　国务院安全生产监督管理部门依照本法，对全国安全生产工作实施综合监督管理；县级以上地方各级人民政府安全生产监督管理部门依照本法，对本行政区域内安全生产工作实施综合监督管理。

国务院有关部门依照本法和其他有关法律、行政法规的规定，在各自的职责范围内对有关行业、领域的安全生产工作实施监督管理；县级以上地方各级人民政府有关部门依照本法和其他有关法律、法规的规定，在各自的职责范围内对有关行业、领域的安全生产工作实施监督管理。

安全生产监督管理部门和对有关行业、领域的安全生产工作实施监督管理的部门，统称负有安全生产监督管理职责的部门。

第十条 国务院有关部门应当按照保障安全生产的要求，依法及时制定有关的国家标准或者行业标准，并根据科技进步和经济发展适时修订。

生产经营单位必须执行依法制定的保障安全生产的国家标准或者行业标准。

第十一条 各级人民政府及其有关部门应当采取多种形式，加强对有关安全生产的法律、法规和安全生产知识的宣传，增强全社会的安全生产意识。

第十二条 有关协会组织依照法律、行政法规和章程，为生产经营单位提供安全生产方面的信息、培训等服务，发挥自律作用，促进生产经营单位加强安全生产管理。

第十三条 依法设立的为安全生产提供技术、管理服务的机构，依照法律、行政法规和执业准则，接受生产经营单位的委托为其安全生产工作提供技术、管理服务。

生产经营单位委托前款规定的机构提供安全生产技术、管理服务的，保证安全生产的责任仍由本单位负责。

第十四条 国家实行生产安全事故责任追究制度，依照本法和有关法律、法规的规定，追究生产安全事故责任人员的法律责任。

第十五条 国家鼓励和支持安全生产科学技术研究和安全生产先进技术的推广应用，提高安全生产水平。

第十六条 国家对在改善安全生产条件、防止生产安全事故、参加抢险救护等方面取得显著成绩的单位和个人，给予奖励。

第五十七条 工会有权对建设项目的安全设施与主体工程同时设计、同时施工、同时投入生产和使用进行监督，提出意见。

工会对生产经营单位违反安全生产法律、法规，侵犯从业人员合法权益的行为，有权要求纠正；发现生产经营单位违章指挥、强令冒险作业或者发现事故隐患时，有权提出解决的建议，生产经营单位应当及时研究答复；发现危及从业人员生命安全的情况时，有权向生产经营单位建议组织从业人员撤离危险场所，生产经营单位必须立即作出处理。

工会有权依法参加事故调查，向有关部门提出处理意见，并要求追究有关人员的责任。

第六十三条 生产经营单位对负有安全生产监督管理职责的部门的监督检查人员（以下统称安全生产监督检查人员）依法履行监督检查职责，应当予以配合，不得拒绝、阻挠。

劳务派遣暂行规定（节选）

第三条 用工单位只能在临时性、辅助性或者替代性的工作岗位上使用被派遣劳动者。

前款规定的临时性工作岗位是指存续时间不超过 6 个月的岗位；辅助性工作岗位是指为主营业务岗位提供服务的非主营业务岗位；替代性工作岗位是指用工单位的劳动者因脱产学习、休假等原因无法工作的一定期间内，可以由其他劳动者替代工作的岗位。

用工单位决定使用被派遣劳动者的辅助性岗位，应当经职工代表大会或者全体职工讨论，提出方案和意见，与工会或者职工代表平等协商确定，并在用工单位内公示。

第四条 用工单位应当严格控制劳务派遣用工数量，使用的被派遣劳动者数量不得超过其用工总量的 10%。

前款所称用工总量是指用工单位订立劳动合同人数与使用的被派遣劳动者人数之和。

计算劳务派遣用工比例的用工单位是指依照劳动合同法和劳动合同法实施条例可以与劳动者订立劳动合同的用人单位。

第十八条 劳务派遣单位跨地区派遣劳动者的，应当在用工单位所在地为被派遣劳动者参加社会保险，按照用工单位所在地的规定缴纳社会保险费，被派遣劳动者按照国家规定享受社会保险待遇。

第十九条 劳务派遣单位在用工单位所在地设立分支机构的，由分支机构为被派遣劳动者办理参保手续，缴纳社会保险费。

劳务派遣单位未在用工单位所在地设立分支机构的，由用工单位代劳务派遣单位为被派遣劳动者办理参保手续，缴纳社会保险费。

第二十七条　用人单位以承揽、外包等名义，按劳务派遣用工形式使用劳动者的，按照本规定处理。

中华人民共和国未成年人保护法（节选）

第六十一条 任何组织或者个人不得招用未满十六周岁未成年人，国家另有规定的除外。

营业性娱乐场所、酒吧、互联网上网服务营业场所等不适宜未成年人活动的场所不得招用已满十六周岁的未成年人。

招用已满十六周岁未成年人的单位和个人应当执行国家在工种、劳动时间、劳动强度和保护措施等方面的规定，不得安排其从事过重、有毒、有害等危害未成年人身心健康的劳动或者危险作业。

任何组织或者个人不得组织未成年人进行危害其身心健康的表演等活动。经未成年人的父母或者其他监护人同意，未成年人参与演出、节目制作等活动，活动组织方应当根据国家有关规定，保障未成年人合法权益。

中华人民共和国治安管理处罚法（节选）

第二十条 违反治安管理有下列情形之一的，从重处罚：

（一）有较严重后果的；

（二）教唆、胁迫、诱骗他人违反治安管理的；

（三）对报案人、控告人、举报人、证人打击报复的；

（四）六个月内曾受过治安管理处罚的。

第四十二条 有下列行为之一的，处五日以下拘留或者五百元以下罚款；情节较重的，处五日以上十日以下拘留，可以并处五百元以下罚款：

（一）写恐吓信或者以其他方法威胁他人人身安全的；

（二）公然侮辱他人或者捏造事实诽谤他人的；

（三）捏造事实诬告陷害他人，企图使他人受到刑事追究或者受到治安管理处罚的；

（四）对证人及其近亲属进行威胁、侮辱、殴打或者打击报复的；

（五）多次发送淫秽、侮辱、恐吓或者其他信息，干扰他人正常生活的；

（六）偷窥、偷拍、窃听、散布他人隐私的。

女职工劳动保护特别规定（节选）

第六条 女职工在孕期不能适应原劳动的，用人单位应根据医疗机构的证明，予以减轻劳动量或者安排其他能够适应的劳动。

对怀孕7个月以上的女职工，用人单位不得延长劳动时间或者安排夜班劳动，并应当在劳动时间内安排一定的休息时间。

怀孕女职工在劳动时间内进行产前检查，所需时间计入劳动时间。

第七条 女职工生育享受98天产假，其中产前可以休假15天；难产的，应增加产假15天；生育多胞胎的，每多生育1个婴儿，增加产假15天。

女职工怀孕未满4个月流产的，享受15天产假；怀孕满4个月流产的，享受42天产假。

第九条 对哺乳未满1周岁婴儿的女职工，用人单位不得延长劳动时间或者安排夜班劳动。

用人单位应当在每天的劳动时间内为哺乳期女职工安排1小时哺乳时间；女职工生育多胞胎的，每多哺乳1个婴儿每天增加1小时哺乳时间。

第十二条 县级以上人民政府人力资源社会保障行政部门、安全生产监督管理部门按照各自职责负责对用人单位遵守本规定的情况进行监督检查。

工会、妇女组织依法对用人单位遵守本规定的情况进行监督。

工伤保险条例（节选）

第十四条　职工有下列情形之一的，应当认定为工伤：

（一）在工作时间和工作场所内，因工作原因受到事故伤害的；

（二）工作时间前后在工作场所内，从事与工作有关的预备性或者收尾性工作受到事故伤害的；

（三）在工作时间和工作场所内，因履行工作职责受到暴力等意外伤害的；

（四）患职业病的；

（五）因工外出期间，由于工作原因受到伤害或者发生事故下落不明的；

（六）在上下班途中，受到非本人主要责任的交通事故或者城市轨道交通、客运轮渡、火车事故伤害的；

（七）法律、行政法规规定应当认定为工伤的其他情形。

第十五条　职工有下列情形之一的，视同工伤：

（一）在工作时间和工作岗位，突发疾病死亡或者在 48 小时之内经抢救无效死亡的；

（二）在抢险救灾等维护国家利益、公共利益活动中受到伤害的；

（三）职工原在军队服役，因战、因公负伤致残，已取得革命伤残军人证，到用人单位后旧伤复发的。

职工有前款第（一）项、第（二）项情形的，按照本条例的有关规定享受工伤保险待遇；职工有前款第（三）项情形的，按照本条例的有关规定享受除一次性伤残补助金以外的工伤保险待遇。

第十七条　职工发生事故伤害或者按照职业病防治法规定被诊断、鉴定为职业病，所在单位应当自事故伤害发生之日或者被诊断、鉴定为职业病之日起30日内，向统筹地区社会保险行政部门提出工伤认定申请。遇有特殊情况，经报社会保险行政部门同意，申请时限可以适当延长。

用人单位未按前款规定提出工伤认定申请的，工伤职工或者其近亲属、工会组织在事故伤害发生之日或者被诊断、鉴定为职业病之日起1年内，可以直接向用人单位所在地统筹地区社会保险行政部门提出工伤认定申请。

按照本条第一款规定应当由省级社会保险行政部门进行工伤认定的事项，根据属地原则由用人单位所在地的设区的市级社会保险行政部门办理。

用人单位未在本条第一款规定的时限内提交工伤认定申请，在此期间发生符合本条例规定的工伤待遇等有关费用由该用人单位负担。

劳动合同法实施条例（节选）

第十四条 劳动合同履行地与用人单位注册地不一致的，有关劳动者的最低工资标准、劳动保护、劳动条件、职业危害防护和本地区上年度职工月平均工资标准等事项，按照劳动合同履行地的有关规定执行；用人单位注册地的有关标准高于劳动合同履行地的有关标准，且用人单位与劳动者约定按照用人单位注册地的有关规定执行的，从其约定。

第十五条 劳动者在试用期的工资不得低于本单位相同岗位最低档工资的80%或者不得低于劳动合同约定工资的80%，并不得低于用人单位所在地的最低工资标准。

企业职工带薪年休假实施办法（节选）

第六条 职工依法享受的探亲假、婚丧假、产假等国家规定的假期以及因工伤停工留薪期间不计入年休假假期。

第九条 用人单位根据生产、工作的具体情况，并考虑职工本人意愿，统筹安排年休假。用人单位确因工作需要不能安排职工年休假或者跨1个年度安排年休假的，应征得职工本人同意。

第十条 用人单位经职工同意不安排年休假或者安排职工年休假天数少于应休年休假天数，应当在本年度内对职工应休未休年休假天数，按照其日工资收入的300%支付未休年休假工资报酬，其中包含用人单位支付职工正常工作期间的工资收入。

用人单位安排职工休年休假，但是职工因本人原因且书面提出不休年休假的，用人单位可以只支付其正常工作期间的工资收入。

第十一条 计算未休年休假工资报酬的日工资收入按照职工本人的月工资除以月计薪天数（21.75天）进行折算。

前款所称月工资是指职工在用人单位支付其未休年休假工资报酬前12个月剔除加班工资后的月平均工资。在本用人单位工作时间不满12个月的，按实际月份计算月平均工资。

职工在年休假期间享受与正常工作期间相同的工资收入。实行计件工资、提成工资或者其他绩效工资制的职工，日工资收入的计发办法按照本条第一款、第二款的规定执行。

第十二条 用人单位与职工解除或者终止劳动合同时，当年度未安排职工休满应休年休假的，应当按照职工当年已工作时间折算应休未休年休假天数并支付未休年休假工资报酬，但折算后不足1整天的部分不支付未休年休假工资报酬。

前款规定的折算方法为：（当年度在本单位已过日历天数÷365 天）×职工本人全年应当享受的年休假天数-当年度已安排年休假天数。

用人单位当年已安排职工年休假的，多于折算应休年休假的天数不再扣回。

第十三条 劳动合同、集体合同约定的或者用人单位规章制度规定的年休假天数、未休年休假工资报酬高于法定标准的，用人单位应当按照有关约定或者规定执行。

第十四条 劳务派遣单位的职工符合本办法第三条规定条件的，享受年休假。

被派遣职工在劳动合同期限内无工作期间由劳务派遣单位依法支付劳动报酬的天数多于其全年应当享受的年休假天数的，不享受当年的年休假；少于其全年应当享受的年休假天数的，劳务派遣单位、用工单位应当协商安排补足被派遣职工年休假天数。

第十五条 县级以上地方人民政府劳动行政部门应当依法监督检查用人单位执行条例及本办法的情况。

用人单位不安排职工休年休假又不依照条例及本办法规定支付未休年休假工资报酬的，由县级以上地方人民政府劳动行政部门依据职权责令限期改正；对逾期不改正的，除责令该用人单位支付未休年休假工资报酬外，用人单位还应当按照未休年休假工资报酬的数额向职工加付赔偿金；对拒不执行支付未休年休假工资报酬、赔偿金行政处理决定的，由劳动行政部门申请人民法院强制执行。

职工带薪年休假条例（节选）

第二条 机关、团体、企业、事业单位、民办非企业单位、有雇工的个体工商户等单位的职工连续工作 1 年以上的，享受带薪年休假（以下简称年休假）。单位应当保证职工享受年休假。职工在年休假期间享受与正常工作期间相同的工资收入。

第三条 职工累计工作已满 1 年不满 10 年的，年休假 5 天；已满 10 年不满 20 年的，年休假 10 天；已满 20 年的，年休假 15 天。

国家法定休假日、休息日不计入年休假的假期。

第五条 单位根据生产、工作的具体情况，并考虑职工本人意愿，统筹安排职工年休假。

年休假在 1 个年度内可以集中安排，也可以分段安排，一般不跨年度安排。单位因生产、工作特点确有必要跨年度安排职工年休假的，可以跨 1 个年度安排。

单位确因工作需要不能安排职工休年休假的，经职工本人同意，可以不安排职工休年休假。对职工应休未休的年休假天数，单位应当按照该职工日工资收入的 300% 支付年休假工资报酬。

中华人民共和国残疾人就业条例（节选）

第八条　用人单位应当按照一定比例安排残疾人就业，并为其提供适当的工种、岗位。

用人单位安排残疾人就业的比例不得低于本单位在职职工总数的1.5%。具体比例由省、自治区、直辖市人民政府根据本地区的实际情况规定。

用人单位跨地区招用残疾人的，应当计入所安排的残疾人职工人数之内。

第九条　用人单位安排残疾人就业达不到其所在地省、自治区、直辖市人民政府规定比例的，应当缴纳残疾人就业保障金。

第十条　政府和社会依法兴办的残疾人福利企业、盲人按摩机构和其他福利性单位（以下统称集中使用残疾人的用人单位），应当集中安排残疾人就业。

集中使用残疾人的用人单位的资格认定，按照国家有关规定执行。

第十一条　集中使用残疾人的用人单位中从事全日制工作的残疾人职工，应当占本单位在职职工总数的25%以上。

第十二条　用人单位招用残疾人职工，应当依法与其签订劳动合同或者服务协议。

第十三条　用人单位应当为残疾人职工提供适合其身体状况的劳动条件和劳动保护，不得在晋职、晋级、评定职称、报酬、社会保险、生活福利等方面歧视残疾人职工。

第十四条　用人单位应当根据本单位残疾人职工的实际情况，对残疾人职工进行上岗、在岗、转岗等培训。

最低工资规定（节选）

第四条 县级以上地方人民政府劳动保障行政部门负责对本行政区域内用人单位执行本规定情况进行监督检查。

各级工会组织依法对本规定执行情况进行监督，发现用人单位支付劳动者工资违反本规定的，有权要求当地劳动保障行政部门处理。

第八条 最低工资标准的确定和调整方案，由省、自治区、直辖市人民政府劳动保障行政部门会同同级工会、企业联合会/企业家协会研究拟订，并将拟订的方案报送劳动保障部。方案内容包括最低工资确定和调整的依据、适用范围、拟订标准和说明。劳动保障部在收到拟订方案后，应征求全国总工会、中国企业联合会/企业家协会的意见。

劳动保障部对方案可以提出修订意见，若在方案收到后 14 日内未提出修订意见的，视为同意。

第十条 最低工资标准发布实施后，如本规定第六条所规定的相关因素发生变化，应当适时调整。最低工资标准每两年至少调整一次。

中华人民共和国职业教育法（节选）

第二十条　企业应当根据本单位的实际，有计划地对本单位的职工和准备录用的人员实施职业教育。企业可以单独举办或者联合举办职业学校、职业培训机构，也可以委托学校、职业培训机构对本单位的职工和准备录用的人员实施职业教育。从事技术工种的职工，上岗前必须经过培训；从事特种作业的职工必须经过培训，并取得特种作业资格。

工资支付暂行规定（节选）

第五条 工资应当以法定货币支付。不得以实物及有价证券替代货币支付。

第六条 用人单位应将工资支付给劳动者本人。劳动者本人因故不能领取工资时，可由其亲属或委托他人代领。

用人单位可委托银行代发工资。

用人单位必须书面记录支付劳动者工资的数额、时间、领取者的姓名以及签字，并保存两年以上备查。用人单位在支付工资时应向劳动者提供一份其个人的工资清单。

第七条 工资必须在用人单位与劳动者约定的日期支付。如遇节假日或休息日，则应提前在最近的工作日支付。工资至少每月支付一次，实行周、日、小时工资制的可按周、日、小时支付工资。

第八条 对完成一次性临时劳动或某项具体工作的劳动者，用人单位应按有关协议或合同规定在其完成劳动任务后即支付工资。

第九条 劳动关系双方依法解除或终止劳动合同时，用人单位应在解除或终止劳动合同时一次付清劳动者工资。

第十一条 劳动者依法享受年休假、探亲假、婚假、丧假期间，用人单位应按劳动合同规定的标准支付劳动者工资。

第十二条 非因劳动者原因造成单位停工、停产在一个工资支付周期内的，用人单位应按劳动合同规定的标准支付劳动者工资。超过一个工资支付周期的，若劳动者提供了正常劳动，则支付给劳动者的劳动报酬不得低于当地的最低工资标准；若劳动者没有提供正常劳动，应按国家有关规定办理。

第十三条　用人单位在劳动者完成劳动定额或规定的工作任务后，根据实际需要安排劳动者在法定标准工作时间以外工作的，应按以下标准支付工资：

（一）用人单位依法安排劳动者在日法定标准工作时间以外延长工作时间的，按照不低于劳动合同规定的劳动者本人小时工资标准的150%支付劳动者工资；

（二）用人单位依法安排劳动者在休息日工作，而又不能安排补休的，按照不低于劳动合同规定的劳动者本人日或小时工资标准的200%支付劳动者工资；

（三）用人单位依法安排劳动者在法定休假节日工作的，按照不低于劳动合同规定的劳动者本人日或小时工资标准的300%支付劳动者工资。

实行计件工资的劳动者，在完成计件定额任务后，由用人单位安排延长工作时间的，应根据上述规定的原则，分别按照不低于其本人法定工作时间计件单价的150%、200%、300%支付其工资。

经劳动行政部门批准实行综合计算工时工作制的，其综合计算工作时间超过法定标准工作时间的部分，应视为延长工作时间，并应按本规定支付劳动者延长工作时间的工资。

实行不定时工时制度的劳动者，不执行上述规定。

国务院关于职工工作时间的规定（节选）

第二条 本规定适用于在中华人民共和国境内的国家机关、社会团体、企业事业单位以及其他组织的职工。

第三条 职工每日工作 8 小时、每周工作 40 小时。

第五条 因工作性质或者生产特点的限制，不能实行每日工作 8 小时、每周工作 40 小时标准工时制度的，按照国家有关规定，可以实行其他工作和休息办法。

第六条 任何单位和个人不得擅自延长职工工作时间。因特殊情况和紧急任务确需延长工作时间的，按照国家有关规定执行。

中华人民共和国尘肺病防治条例（节选）

第十三条 新建、改建、扩建、续建有粉尘作业的工程项目，防尘设施必须与主体工程同时设计、同时施工、同时投产。设计任务书，必须经当地卫生行政部门、劳动部门和工会组织审查同意后，方可施工。竣工验收，应由当地卫生行政部门、劳动部门和工会组织参加，凡不符合要求的，不得投产。

第十五条 卫生行政部门、劳动部门和工会组织分工协作，互相配合，对企业、事业单位的尘肺病防治工作进行监督。

第十六条 卫生行政部门负责卫生标准的监测；劳动部门负责劳动卫生工程技术标准的监测。

工会组织负责组织职工群众对本单位的尘肺病防治工作进行监督，并教育职工遵守操作规程与防尘制度。

第十七条 凡有粉尘作业的企业、事业单位，必须定期测定作业场所的粉尘浓度。测尘结果必须向主管部门和当地卫生行政部门、劳动部门和工会组织报告，并定期向职工公布。

从事粉尘作业的单位必须建立测尘资料档案。

第二十条 各企业、事业单位必须贯彻执行职业病报告制度，按期向当地卫生行政部门、劳动部门、工会组织和本单位的主管部门报告职工尘肺病发生和死亡情况。

第二十三条 凡违反本条例规定，有下列行为之一的，卫生行政部门和劳动部门，可视其情节轻重，给予警告、限期治理、罚款和停业整顿的处罚。但停业整顿的处罚，需经当地人民政府同意。

（四）工程设计和竣工验收未经卫生行政部门、劳动部门和工会组织审查同意，擅自施工、投产的；

中华人民共和国工会法

第一章 总则

第一条 为保障工会在国家政治、经济和社会生活中的地位，确定工会的权利与义务，发挥工会在社会主义现代化建设事业中的作用，根据宪法，制定本法。

第二条 工会是职工自愿结合的工人阶级的群众组织。

中华全国总工会及其各工会组织代表职工的利益，依法维护职工的合法权益。

第三条 在中国境内的企业、事业单位、机关中以工资收入为主要生活来源的体力劳动者和脑力劳动者，不分民族、种族、性别、职业、宗教信仰、教育程度，都有依法参加和组织工会的权利。任何组织和个人不得阻挠和限制。

第四条 工会必须遵守和维护宪法，以宪法为根本的活动准则，以经济建设为中心，坚持社会主义道路、坚持人民民主专政、坚持中国共产党的领导、坚持马克思列宁主义毛泽东思想邓小平理论，坚持改革开放，依照工会章程独立自主地开展工作。

工会会员全国代表大会制定或者修改《中国工会章程》，章程不得与宪法和法律相抵触。

国家保护工会的合法权益不受侵犯。

第五条 工会组织和教育职工依照宪法和法律的规定行使民主权利，发挥国家主人翁的作用，通过各种途径和形式，参与管理国家事务、管理经济和文化事业、管理社会事务；协助人民政府开展工作，维护工人阶级领导的、以工农联盟为基础的人民民主专政的社会主义国家政权。

第六条 维护职工合法权益是工会的基本职责。工会在维护全国人民总体利益的同时，代表和维护职工的合法权益。

工会通过平等协商和集体合同制度，协调劳动关系，维护企业职工劳动权益。

工会依照法律规定通过职工代表大会或者其他形式，组织职工参与本单位的民主决策、民主管理和民主监督。

工会必须密切联系职工，听取和反映职工的意见和要求，关心职工的生活，帮助职工解决困难，全心全意为职工服务。

第七条 工会动员和组织职工积极参加经济建设，努力完成生产任务和工作任务。教育职工不断提高思想道德、技术业务和科学文化素质，建设有理想、有道德、有文化、有纪律的职工队伍。

第八条 中华全国总工会根据独立、平等、互相尊重、互不干涉内部事务的原则，加强同各国工会组织的友好合作关系。

第二章 工会组织

第九条 工会各级组织按照民主集中制原则建立。

各级工会委员会由会员大会或者会员代表大会民主选举产生。企业主要负责人的近亲属不得作为本企业基层工会委员会成员的人选。

各级工会委员会向同级会员大会或者会员代表大会负责并报告工作，接受其监督。

工会会员大会或者会员代表大会有权撤换或者罢免其所选举的代表或者工会委员会组成人员。

上级工会组织领导下级工会组织。

第十条 企业、事业单位、机关有会员二十五人以上的，应当建立基层工会委员会；不足二十五人的，可以单独建立基层工会委员会，也可以由两个以上单位的会员联合建立基层工会委员会，也可以选举组织员一人，组织会员开展活动。女职工人数较多的，可以建立工会女职工委员会，在同级工会领导下开展工作；女职工人数较少的，可以在工会委员会中设女职工委员。

企业职工较多的乡镇、城市街道，可以建立基层工会的联合会。

县级以上地方建立地方各级总工会。

同一行业或者性质相近的几个行业，可以根据需要建立全国的或者地方的产业工会。

全国建立统一的中华全国总工会。

第十一条 基层工会、地方各级总工会、全国或者地方产业工会组织的建立，必须报上一级工会批准。

上级工会可以派员帮助和指导企业职工组建工会，任何单位和个人不得阻挠。

第十二条 任何组织和个人不得随意撤销、合并工会组织。

基层工会所在的企业终止或者所在的事业单位、机关被撤销，该工会组织相应撤销，并报告上一级工会。

依前款规定被撤销的工会，其会员的会籍可以继续保留，具体管理办法由中华全国总工会制定。

第十三条 职工二百人以上的企业、事业单位的工会，可以设专职工会主席。工会专职工作人员的人数由工会与企业、事业单位协商确定。

第十四条 中华全国总工会、地方总工会、产业工会具有社会团体法人资格。

基层工会组织具备民法通则规定的法人条件的，依法取得社会团体法人资格。

第十五条 基层工会委员会每届任期三年或者五年。各级地方总工会委员会和产业工会委员会每届任期五年。

第十六条 基层工会委员会定期召开会员大会或者会员代表大会，讨论决定工会工作的重大问题。经基层工会委员会或者三分之一以上的工会会员提议，可以临时召开会员大会或者会员代表大会。

第十七条 工会主席、副主席任期未满时，不得随意调动其工作。因工作需要调动时，应当征得本级工会委员会和上一级工会的同意。

罢免工会主席、副主席必须召开会员大会或者会员代表大会讨论，非经会员大会全体会员或者会员代表大会全体代表过半数通过，不得罢免。

第十八条　基层工会专职主席、副主席或者委员自任职之日起，其劳动合同期限自动延长，延长期限相当于其任职期间；非专职主席、副主席或者委员自任职之日起，其尚未履行的劳动合同期限短于任期的，劳动合同期限自动延长至任期期满。但是，任职期间个人严重过失或者达到法定退休年龄的除外。

第三章　工会的权利和义务

第十九条　企业、事业单位违反职工代表大会制度和其他民主管理制度，工会有权要求纠正，保障职工依法行使民主管理的权利。

法律、法规规定应当提交职工大会或者职工代表大会审议、通过、决定的事项，企业、事业单位应当依法办理。

第二十条　工会帮助、指导职工与企业以及实行企业化管理的事业单位签订劳动合同。

工会代表职工与企业以及实行企业化管理的事业单位进行平等协商，签订集体合同。集体合同草案应当提交职工代表大会或者全体职工讨论通过。

工会签订集体合同，上级工会应当给予支持和帮助。

企业违反集体合同，侵犯职工劳动权益的，工会可以依法要求企业承担责任；因履行集体合同发生争议，经协商解决不成的，工会可以向劳动争议仲裁机构提请仲裁，仲裁机构不予受理或者对仲裁裁决不服的，可以向人民法院提起诉讼。

第二十一条　企业、事业单位处分职工，工会认为不适当的，有权提出意见。

企业单方面解除职工劳动合同时，应当事先将理由通知工会，工会认为企业违反法律、法规和有关合同，要求重新研究处理时，企业应当研究工会的意见，并将处理结果书面通知工会。

职工认为企业侵犯其劳动权益而申请劳动争议仲裁或者向人民法院提起诉讼的，工会应当给予支持和帮助。

第二十二条 企业、事业单位违反劳动法律、法规规定，有下列侵犯职工劳动权益情形，工会应当代表职工与企业、事业单位交涉，要求企业、事业单位采取措施予以改正；企业、事业单位应当予以研究处理，并向工会作出答复；企业、事业单位拒不改正的，工会可以请求当地人民政府依法作出处理：

（一）克扣职工工资的；

（二）不提供劳动安全卫生条件的；

（三）随意延长劳动时间的；

（四）侵犯女职工和未成年工特殊权益的；

（五）其他严重侵犯职工劳动权益的。

第二十三条 工会依照国家规定对新建、扩建企业和技术改造工程中的劳动条件和安全卫生设施与主体工程同时设计、同时施工、同时投产使用进行监督。对工会提出的意见，企业或者主管部门应当认真处理，并将处理结果书面通知工会。

第二十四条 工会发现企业违章指挥、强令工人冒险作业，或者生产过程中发现明显重大事故隐患和职业危害，有权提出解决的建议，企业应当及时研究答复；发现危及职工生命安全的情况时，工会有权向企业建议组织职工撤离危险现场，企业必须及时作出处理决定。

第二十五条 工会有权对企业、事业单位侵犯职工合法权益的问题进行调查，有关单位应当予以协助。

第二十六条 职工因工伤亡事故和其他严重危害职工健康问题的调查处理，必须有工会参加。工会应当向有关部门提出处理意见，并有权要求追究直接负责的主管人员和有关责任人员的责任。对工会提出的意见，应当及时研究，给予答复。

第二十七条 企业、事业单位发生停工、怠工事件，工会应当代表职工同企业、事业单位或者有关方面协商，反映职工的意见和要求并提出解决意见。对于职工的合理要求，企业、事业单位应当予以解决。工会协助企业、事业单位做好工作，尽快恢复生产、工作秩序。

第二十八条 工会参加企业的劳动争议调解工作。

地方劳动争议仲裁组织应当有同级工会代表参加。

第二十九条 县级以上各级总工会可以为所属工会和职工提供法律服务。

第三十条 工会协助企业、事业单位、机关办好职工集体福利事业，做好工资、劳动安全卫生和社会保险工作。

第三十一条 工会会同企业、事业单位教育职工以国家主人翁态度对待劳动，爱护国家和企业的财产，组织职工开展群众性的合理化建议、技术革新活动，进行业余文化技术学习和职工培训，组织职工开展文娱、体育活动。

第三十二条 根据政府委托，工会与有关部门共同做好劳动模范和先进生产（工作）者的评选、表彰、培养和管理工作。

第三十三条 国家机关在组织起草或者修改直接涉及职工切身利益的法律、法规、规章时，应当听取工会意见。

县级以上各级人民政府制定国民经济和社会发展计划，对涉及职工利益的重大问题，应当听取同级工会的意见。

县级以上各级人民政府及其有关部门研究制定劳动就业、工资、劳动安全卫生、社会保险等涉及职工切身利益的政策、措施时，应当吸收同级工会参加研究，听取工会意见。

第三十四条 县级以上地方各级人民政府可以召开会议或者采取适当方式，向同级工会通报政府的重要的工作部署和与工会工作有关的行政措施，研究解决工会反映的职工群众的意见和要求。

各级人民政府劳动行政部门应当会同同级工会和企业方面代表，建立劳动关系三方协商机制，共同研究解决劳动关系方面的重大问题。

第四章　基层工会组织

第三十五条　国有企业职工代表大会是企业实行民主管理的基本形式，是职工行使民主管理权力的机构，依照法律规定行使职权。

国有企业的工会委员会是职工代表大会的工作机构，负责职工代表大会的日常工作，检查、督促职工代表大会决议的执行。

第三十六条　集体企业的工会委员会，应当支持和组织职工参加民主管理和民主监督，维护职工选举和罢免管理人员、决定经营管理的重大问题的权力。

第三十七条　本法第三十五条、第三十六条规定以外的其他企业、事业单位的工会委员会，依照法律规定组织职工采取与企业、事业单位相适应的形式，参与企业、事业单位民主管理。

第三十八条　企业、事业单位研究经营管理和发展的重大问题应当听取工会的意见；召开讨论有关工资、福利、劳动安全卫生、社会保险等涉及职工切身利益的会议，必须有工会代表参加。

企业、事业单位应当支持工会依法开展工作，工会应当支持企业、事业单位依法行使经营管理权。

第三十九条　公司的董事会、监事会中职工代表的产生，依照公司法有关规定执行。

第四十条　基层工会委员会召开会议或者组织职工活动，应当在生产或者工作时间以外进行，需要占用生产或者工作时间的，应当事先征得企业、事业单位的同意。

基层工会的非专职委员占用生产或者工作时间参加会议或者从事工会工作，每月不超过三个工作日，其工资照发，其他待遇不受影响。

第四十一条　企业、事业单位、机关工会委员会的专职工作人员的工资、奖励、补贴，由所在单位支付。社会保险和其他福利待遇等，享受本单位职工同等待遇。

第五章　工会的经费和财产

第四十二条　工会经费的来源：

（一）工会会员缴纳的会费；

（二）建立工会组织的企业、事业单位、机关按每月全部职工工资总额的百分之二向工会拨缴的经费；

（三）工会所属的企业、事业单位上缴的收入；

（四）人民政府的补助；

（五）其他收入。

前款第二项规定的企业、事业单位拨缴的经费在税前列支。

工会经费主要用于为职工服务和工会活动。经费使用的具体办法由中华全国总工会制定。

第四十三条　企业、事业单位无正当理由拖延或者拒不拨缴工会经费，基层工会或者上级工会可以向当地人民法院申请支付令；拒不执行支付令的，工会可以依法申请人民法院强制执行。

第四十四条　工会应当根据经费独立原则，建立预算、决算和经费审查监督制度。

各级工会建立经费审查委员会。

各级工会经费收支情况应当由同级工会经费审查委员会审查，并且定期向会员大会或者会员代表大会报告，接受监督。工会会员大会或者会员代表大会有权对经费使用情况提出意见。

工会经费的使用应当依法接受国家的监督。

第四十五条　各级人民政府和企业、事业单位、机关应当为工会办公和开展活动，提供必要的设施和活动场所等物质条件。

第四十六条　工会的财产、经费和国家拨给工会使用的不动产，任何组织和个人不得侵占、挪用和任意调拨。

第四十七条　工会所属的为职工服务的企业、事业单位，其隶属关系不得随意改变。

第四十八条 县级以上各级工会的离休、退休人员的待遇，与国家机关工作人员同等对待。

第六章 法律责任

第四十九条 工会对违反本法规定侵犯其合法权益的，有权提请人民政府或者有关部门予以处理，或者向人民法院提起诉讼。

第五十条 违反本法第三条、第十一条规定，阻挠职工依法参加和组织工会或者阻挠上级工会帮助、指导职工筹建工会的，由劳动行政部门责令其改正；拒不改正的，由劳动行政部门提请县级以上人民政府处理；以暴力、威胁等手段阻挠造成严重后果，构成犯罪的，依法追究刑事责任。

第五十一条 违反本法规定，对依法履行职责的工会工作人员无正当理由调动工作岗位，进行打击报复的，由劳动行政部门责令改正、恢复原工作；造成损失的，给予赔偿。

对依法履行职责的工会工作人员进行侮辱、诽谤或者进行人身伤害，构成犯罪的，依法追究刑事责任；尚未构成犯罪的，由公安机关依照治安管理处罚法的规定处罚。

第五十二条 违反本法规定，有下列情形之一的，由劳动行政部门责令恢复其工作，并补发被解除劳动合同期间应得的报酬，或者责令给予本人年收入二倍的赔偿：

（一）职工因参加工会活动而被解除劳动合同的；

（二）工会工作人员因履行本法规定的职责而被解除劳动合同的。

第五十三条 违反本法规定，有下列情形之一的，由县级以上人民政府责令改正，依法处理：

（一）妨碍工会组织职工通过职工代表大会和其他形式依法行使民主权利的；

（二）非法撤销、合并工会组织的；

（三）妨碍工会参加职工因工伤亡事故以及其他侵犯职工合法权益问题的调查处理的；

（四）无正当理由拒绝进行平等协商的。

第五十四条　违反本法第四十六条规定，侵占工会经费和财产拒不返还的，工会可以向人民法院提起诉讼，要求返还，并赔偿损失。

第五十五条　工会工作人员违反本法规定，损害职工或者工会权益的，由同级工会或者上级工会责令改正，或者予以处分；情节严重的，依照《中国工会章程》予以罢免；造成损失的，应当承担赔偿责任；构成犯罪的，依法追究刑事责任。

第七章　附则

第五十六条　中华全国总工会会同有关国家机关制定机关工会实施本法的具体办法。

第五十七条　本法自公布之日起施行。1950 年 6 月 29 日中央人民政府颁布的《中华人民共和国工会法》同时废止。

中国工会章程

总 则

中国工会是中国共产党领导的职工自愿结合的工人阶级群众组织，是党联系职工群众的桥梁和纽带，是国家政权的重要社会支柱，是会员和职工利益的代表。

中国工会以宪法为根本活动准则，按照《中华人民共和国工会法》和本章程独立自主地开展工作，依法行使权利和履行义务。

工人阶级是我国的领导阶级，是先进生产力和生产关系的代表，是中国共产党最坚实最可靠的阶级基础，是改革开放和社会主义现代化建设的主力军，是维护社会安定的强大而集中的社会力量。中国工会高举中国特色社会主义伟大旗帜，以马克思列宁主义、毛泽东思想、邓小平理论、“三个代表”重要思想、科学发展观、习近平新时代中国特色社会主义思想为指导，贯彻执行党的以经济建设为中心，坚持四项基本原则，坚持改革开放的基本路线，保持和增强政治性、先进性、群众性，坚定不移地走中国特色社会主义工会发展道路，推动党的全心全意依靠工人阶级的根本指导方针的贯彻落实，全面履行工会的社会职能，在维护全国人民总体利益的同时，更好地表达和维护职工的具体利益，团结和动员全国职工自力更生、艰苦创业，坚持和发展中国特色社会主义，为全面建成小康社会、把我国建设成为富强民主文明和谐美丽的社会主义现代化强国、实现中华民族伟大复兴的中国梦而奋斗。

中国工会坚持自觉接受中国共产党的领导，承担团结引导职工群众听党话、跟党走的政治责任，巩固和扩大党执政的阶级基础和群众基础。

中国工会的基本职责是维护职工合法权益、竭诚服务职工群众。

中国工会按照中国特色社会主义事业“五位一体”总体布局和“四个全面”战略布局，贯彻创新、协调、绿色、开放、共享的发展理念，把握为实现中华民族伟大复兴的中国梦而奋斗的工人运动时代主题，弘扬劳模精神、劳动精神、工匠精神，动员和组织职工积极参加建设和改革，努力促进经济、政治、文化、社会和生态文明建设；代表和组织职工参与国家和社会事务管理，参与企业、事业单位和机关的民主管理；教育职工践行社会主义核心价值观，不断提高思想道德素质、科学文化素质和技术技能素质，推进产业工人队伍建设改革，建设有理想、有道德、有文化、有纪律的职工队伍，不断发展工人阶级先进性。

中国工会以忠诚党的事业、竭诚服务职工为己任，坚持组织起来、切实维权的工作方针，坚持以职工为本、主动依法科学维权的维权观，促进完善社会主义劳动法律，维护职工的经济、政治、文化和社会权利，参与协调劳动关系和社会利益关系，推动构建和谐劳动关系，促进经济高质量发展和社会的长期稳定，维护工人阶级和工会组织的团结统一，为构建社会主义和谐社会作贡献。

中国工会维护工人阶级领导的、以工农联盟为基础的人民民主专政的社会主义国家政权，协助人民政府开展工作，依法发挥民主参与和社会监督作用。

中国工会在企业、事业单位中，按照促进企事业发展、维护职工权益的原则，支持行政依法行使管理权力，组织职工参加民主管理和民主监督，与行政方面建立协商制度，保障职工的合法权益，调动职工的积极性，促进企业、事业的发展。

中国工会实行产业和地方相结合的组织领导原则，坚持民主集中制。

中国工会坚持以改革创新精神加强自身建设，构建联系广泛、服务职工的工作体系，增强团结教育、维护权益、服务职工的功能，坚持群众化、民主化，保持同会员群众的密切联系，依靠会员群众开展工会工作。各级工会领导机关坚持把工作重点放到基层，着力扩大覆盖面、增强代表性，着力强化服务意识、提高维权能力，着力加强队伍建设、提升保障水平，坚持服务职工群众的工作生命线，全心全意为基层、为职工服务，构建智慧工会，增强基层工会的吸引力凝聚力战斗力，把工会组织建设得更加充满活力、更加坚强有力，成为深受职工群众信赖的学习型、服务型、创新型“职工之家”。

工会兴办的企业、事业，坚持公益性、服务性，坚持为改革开放和发展社会生产力服务，为职工群众服务，为推进工运事业服务。

中国工会努力巩固和发展工农联盟，坚持最广泛的爱国统一战线，加强包括香港特别行政区同胞、澳门特别行政区同胞、台湾同胞和海外侨胞在内的全国各族人民的大团结，促进祖国的统一、繁荣和富强。

中国工会在国际事务中坚持独立自主、互相尊重、求同存异、加强合作、增进友谊的方针，在独立、平等、互相尊重、互不干涉内部事务的原则基础上，广泛建立和发展同国际和各国工会组织的友好关系，积极参与“一带一路”建设，增进我国工人阶级同各国工人阶级的友谊，同全世界工人和工会一起，在推动构建人类命运共同体中发挥作用，为世界的和平、发展、合作、工人权益和社会进步而共同努力。

中国工会落实新时代党的建设总要求，以党的政治建设为统领，全面加强党的建设，增强政治意识、大局意识、核心意识、看齐意识，坚定道路自信、理论自信、制度自信、文化自信，坚决维护习近平总书记党中央的核心、全党的核心地位，坚决维护党中央权威和集中统一领导，在思想上政治上行动上同以习近平同志为核心的党中央保持高度一致。

第一章　会　员

第一条　凡在中国境内的企业、事业单位、机关和其他社会组织中，以工资收入为主要生活来源或者与用人单位建立劳动关系的体力劳动者和脑力劳动者，不分民族、种族、性别、职业、宗教信仰、教育程度，承认工会章程，都可以加入工会为会员。

第二条　职工加入工会，由本人自愿申请，经工会基层委员会批准并发给会员证。

第三条　会员享有以下权利：

（一）选举权、被选举权和表决权。

（二）对工会工作进行监督，提出意见和建议，要求撤换或者罢免不称职的工会工作人员。

（三）对国家和社会生活问题及本单位工作提出批评与建议，要求工会组织向有关方面如实反映。

（四）在合法权益受到侵犯时，要求工会给予保护。

（五）工会提供的文化、教育、体育、旅游、疗休养、互助保障、生活救助、法律服务、就业服务等优惠待遇；工会给予的各种奖励。

（六）在工会会议和工会媒体上，参加关于工会工作和职工关心问题的讨论。

第四条　会员履行下列义务：

（一）认真学习贯彻习近平新时代中国特色社会主义思想，学习政治、经济、文化、法律、科学、技术和工会基本知识等。

（二）积极参加民主管理，努力完成生产和工作任务，立足本职岗位建功立业。

（三）遵守宪法和法律，践行社会主义核心价值观，弘扬中华民族传统美德，恪守社会公德、职业道德、家庭美德、个人品德，遵守劳动纪律。

（四）正确处理国家、集体、个人三者利益关系，向危害国家、社会利益的行为作斗争。

（五）维护中国工人阶级和工会组织的团结统一，发扬阶级友爱，搞好互助互济。

（六）遵守工会章程，执行工会决议，参加工会活动，按月交纳会费。

第五条　会员组织关系随劳动（工作）关系变动，凭会员证明接转。

第六条　会员有退会自由。会员退会由本人向工会小组提出，由工会基层委员会宣布其退会并收回会员证。

会员没有正当理由连续六个月不交纳会费、不参加工会组织生活，经教育拒不改正，应当视为自动退会。

第七条 对不执行工会决议、违反工会章程的会员，给予批评教育。对严重违法犯罪并受到刑事处分的会员，开除会籍。开除会员会籍，须经工会小组讨论，提出意见，由工会基层委员会决定，报上一级工会备案。

第八条 会员离休、退休和失业，可保留会籍。保留会籍期间免交会费。

工会组织要关心离休、退休和失业会员的生活，积极向有关方面反映他们的愿望和要求。

第二章 组织制度

第九条 中国工会实行民主集中制，主要内容是：

（一）个人服从组织，少数服从多数，下级组织服从上级组织。

（二）工会的各级领导机关，除它们派出的代表机关外，都由民主选举产生。

（三）工会的最高领导机关，是工会的全国代表大会和它所产生的中华全国总工会执行委员会。工会的地方各级领导机关，是工会的地方各级代表大会和它所产生的总工会委员会。

（四）工会各级委员会，向同级会员大会或者会员代表大会负责并报告工作，接受会员监督。会员大会和会员代表大会有权撤换或者罢免其所选举的代表和工会委员会组成人员。

（五）工会各级委员会，实行集体领导和分工负责相结合的制度。凡属重大问题由委员会民主讨论，作出决定，委员会成员根据集体的决定和分工，履行自己的职责。

（六）工会各级领导机关，加强对下级组织的领导和服务，经常向下级组织通报情况，听取下级组织和会员的意见，研究和解决他们提出的问题。下级组织应及时向上级组织请示报告工作。

第十条 工会各级代表大会的代表和委员会的产生，要充分体现选举人的意志。候选人名单，要反复酝酿，充分讨论。选举采用无记名投票方式，可以直接采用候选人数多于应选人数的差额选举办法进行正式选举，也可以先采用差额选举办法进行预选，产生候选人名单，然后进行正式选举。任何组织和个人，不得以任何方式强迫选举人选举或不选举某个人。

第十一条 中国工会实行产业和地方相结合的组织领导原则。同一企业、事业单位、机关和其他社会组织中的会员，组织在一个工会基层组织中；同一行业或者性质相近的几个行业，根据需要建立全国的或者地方的产业工会组织。除少数行政管理体制实行垂直管理的产业，其产业工会实行产业工会和地方工会双重领导，以产业工会领导为主外，其他产业工会均实行以地方工会领导为主，同时接受上级产业工会领导的体制。各产业工会的领导体制，由中华全国总工会确定。

省、自治区、直辖市，设区的市和自治州，县（旗）、自治县、不设区的市建立地方总工会。地方总工会是当地地方工会组织和产业工会地方组织的领导机关。全国建立统一的中华全国总工会。中华全国总工会是各级地方总工会和各产业工会全国组织的领导机关。

中华全国总工会执行委员会委员和产业工会全国委员会委员实行替补制，各级地方总工会委员会委员和地方产业工会委员会委员，也可以实行替补制。

第十二条 县和县以上各级地方总工会委员会，根据工作需要可以派出代表机关。

县和县以上各级工会委员会，在两次代表大会之间，认为有必要时，可以召集代表会议，讨论和决定需要及时解决的重大问题。代表会议代表的名额和产生办法，由召集代表会议的总工会决定。

全国产业工会、各级地方产业工会、乡镇工会和城市街道工会的委员会，可以按照联合制、代表制原则，由下一级工会组织民主选举的主要负责人和适当比例的有关方面代表组成。

上级工会可以派员帮助和指导用人单位的职工组建工会。

第十三条 各级工会代表大会选举产生同级经费审查委员会。中华全国总工会经费审查委员会设常务委员会，省、自治区、直辖市总工会经费审查委员会和独立管理经费的全国产业工会经费审查委员会，应当设常务委员会。经费审查委员会负责审查同级工会组织及其直属企业、事业单位的经费收支和资产管理情况，监督财经法纪的贯彻执行和工会经费的使用，并接受上级工会经费审查委员会的指导和监督。工会经费审查委员会向同级会员大会或会员代表大会负责并报告工作；在大会闭会期间，向同级工会委员会负责并报告工作。

上级经费审查委员会应当对下一级工会及其直属企业、事业单位的经费收支和资产管理情况进行审查。

中华全国总工会经费审查委员会委员实行替补制，各级地方总工会经费审查委员会委员和独立管理经费的产业工会经费审查委员会委员，也可以实行替补制。

第十四条 各级工会建立女职工委员会，表达和维护女职工的合法权益。女职工委员会由同级工会委员会提名，在充分协商的基础上组成或者选举产生，女职工委员会与工会委员会同时建立，在同级工会委员会领导下开展工作。企业工会女职工委员会是县或者县以上妇联的团体会员，通过县以上地方工会接受妇联的业务指导。

第十五条 县和县以上各级工会组织应当建立法律服务机构，为保护职工和工会组织的合法权益提供服务。

各级工会组织应当组织和代表职工开展劳动法律监督。

第十六条 成立或者撤销工会组织，必须经会员大会或者会员代表大会通过，并报上一级工会批准。工会基层组织所在的企业终止，或者所在的事业单位、机关和其他社会组织被撤销，该工会组织相应撤销，并报上级工会备案。其他组织和个人不得随意撤销工会组织，也不得把工会组织的机构撤销、合并或者归属其他工作部门。

第三章 全国组织

第十七条 中国工会全国代表大会，每五年举行一次，由中华全国总工会执行委员会召集。在特殊情况下，由中华全国总工会执行委员会主席团提议，经执行委员会全体会议通过，可以提前或者延期举行。代表名额和代表选举办法由中华全国总工会决定。

第十八条　中国工会全国代表大会的职权是：

（一）审议和批准中华全国总工会执行委员会的工作报告。

（二）审议和批准中华全国总工会执行委员会的经费收支情况报告和经费审查委员会的工作报告。

（三）修改中国工会章程。

（四）选举中华全国总工会执行委员会和经费审查委员会。

第十九条　中华全国总工会执行委员会，在全国代表大会闭会期间，负责贯彻执行全国代表大会的决议，领导全国工会工作。

执行委员会全体会议选举主席一人、副主席若干人、主席团委员若干人，组成主席团。

执行委员会全体会议由主席团召集，每年至少举行一次。

第二十条　中华全国总工会执行委员会全体会议闭会期间，由主席团行使执行委员会的职权。主席团全体会议，由主席召集。

主席团闭会期间，由主席、副主席组成的主席会议行使主席团职权。主席会议由中华全国总工会主席召集并主持。

主席团下设书记处，由主席团在主席团成员中推选第一书记一人，书记若干人组成。书记处在主席团领导下，主持中华全国总工会的日常工作。

第二十一条　产业工会全国组织的设置，由中华全国总工会根据需要确定。

产业工会全国委员会的建立，经中华全国总工会批准，可以按照联合制、代表制原则组成，也可以由产业工会全国代表大会选举产生。全国委员会每届任期五年。任期届满，应当如期召开会议，进行换届选举。在特殊情况下，经中华全国总工会批准，可以提前或者延期举行。

产业工会全国代表大会和按照联合制、代表制原则组成的产业工会全国委员会全体会议的职权是：审议和批准产业工会全国委员会的工作报告；选举产业工会全国委员会或者产业工会全国委员会常务委员会。独立管理经费的产业工会，选举经费审查委员会，并向产业工会全国代表大会或者委员会全体会议报告工作。产业工会全国委员会常务委员会由主席一人、副主席若干人、常务委员若干人组成。

第四章　地方组织

第二十二条　省、自治区、直辖市，设区的市和自治州，县（旗）、自治县、不设区的市的工会代表大会，由同级总工会委员会召集，每五年举行一次。在特殊情况下，由同级总工会委员会提议，经上一级工会批准，可以提前或者延期举行。工会的地方各级代表大会的职权是：

（一）审议和批准同级总工会委员会的工作报告。

（二）审议和批准同级总工会委员会的经费收支情况报告和经费审查委员会的工作报告。

（三）选举同级总工会委员会和经费审查委员会。

各级地方总工会委员会，在代表大会闭会期间，执行上级工会的决定和同级工会代表大会的决议，领导本地区的工会工作，定期向上级总工会委员会报告工作。

根据工作需要，省、自治区总工会可在地区设派出代表机关。直辖市和设区的市总工会在区一级建立总工会。

县和城市的区可在乡镇和街道建立乡镇工会和街道工会组织，具备条件的，建立总工会。

第二十三条　各级地方总工会委员会选举主席一人、副主席若干人、常务委员若干人，组成常务委员会。工会委员会、常务委员会和主席、副主席以及经费审查委员会的选举结果，报上一级总工会批准。

各级地方总工会委员会全体会议，每年至少举行一次，由常务委员会召集。各级地方总工会常务委员会，在委员会全体会议闭会期间，行使委员会的职权。

第二十四条　各级地方产业工会组织的设置，由同级地方总工会根据本地区的实际情况确定。

第五章 基层组织

第二十五条 企业、事业单位、机关和其他社会组织等基层单位，应当依法建立工会组织。社区和行政村可以建立工会组织。从实际出发，建立区域性、行业性工会联合会，推进新经济组织、新社会组织工会组织建设。

有会员二十五人以上的，应当成立工会基层委员会；不足二十五人的，可以单独建立工会基层委员会，也可以由两个以上单位的会员联合建立工会基层委员会，也可以选举组织员或者工会主席一人，主持基层工会工作。工会基层委员会有女会员十人以上的建立女职工委员会，不足十人的设女职工委员。

职工二百人以上企业、事业单位的工会设专职工会主席。工会专职工作人员的人数由工会与企业、事业单位协商确定。

基层工会具备法人条件，依法取得社团法人资格，工会主席为法定代表人。

第二十六条 工会基层组织的会员大会或者会员代表大会，每年至少召开一次。经基层工会委员会或者三分之一以上的工会会员提议，可以临时召开会员大会或者会员代表大会。工会会员在一百人以下的基层工会应当召开会员大会。

工会会员大会或者会员代表大会的职权是：

（一）审议和批准工会基层委员会的工作报告。

（二）审议和批准工会基层委员会的经费收支情况报告和经费审查委员会的工作报告。

（三）选举工会基层委员会和经费审查委员会。

（四）撤换或者罢免其所选举的代表或者工会委员会组成人员。

（五）讨论决定工会工作的重大问题。

工会基层委员会和经费审查委员会每届任期三年至五年，具体任期由会员大会或者会员代表大会决定。任期届满，应当如期召开会议，进行换届选举。在特殊情况下，经上一级工会批准，可以提前或者延期举行。

会员代表大会的代表实行常任制，任期与本单位工会委员会相同。

第二十七条　工会基层委员会的委员，应当在会员或者会员代表充分酝酿协商的基础上选举产生；主席、副主席，可以由会员大会或者会员代表大会直接选举产生，也可以由工会基层委员会选举产生。大型企业、事业单位的工会委员会，根据工作需要，经上级工会委员会批准，可以设立常务委员会。工会基层委员会、常务委员会和主席、副主席以及经费审查委员会的选举结果，报上一级工会批准。

第二十八条　工会基层委员会的基本任务是：

（一）执行会员大会或者会员代表大会的决议和上级工会的决定，主持基层工会的日常工作。

（二）代表和组织职工依照法律规定，通过职工代表大会、厂务公开和其他形式，参加本单位民主管理和民主监督，在公司制企业落实职工董事、职工监事制度。企业、事业单位工会委员会是职工代表大会工作机构，负责职工代表大会的日常工作，检查、督促职工代表大会决议的执行。

（三）参与协调劳动关系和调解劳动争议，与企业、事业单位行政方面建立协商制度，协商解决涉及职工切身利益问题。帮助和指导职工与企业、事业单位行政方面签订和履行劳动合同，代表职工与企业、事业单位行政方面签订集体合同或者其他专项协议，并监督执行。

（四）组织职工开展劳动和技能竞赛、合理化建议、技能培训、技术革新和技术协作等活动，培育工匠人才，总结推广先进经验。做好劳动模范和先进生产（工作）者的评选、表彰、培养和管理服务工作。

（五）加强对职工的政治引领和思想教育，开展法治宣传教育，重视人文关怀和心理疏导，鼓励支持职工学习文化科学技术和管理知识，开展健康的文化体育活动。推进企业文化职工文化建设，办好工会文化、教育、体育事业。

（六）监督有关法律、法规的贯彻执行。协助和督促行政方面做好工资、安全生产、职业病防治和社会保险等方面的工作，推动落实职工福利待遇。办好职工集体福利事业，改善职工生活，对困难职工开展帮扶。依法参与生产安全事故和职业病危害事故的调查处理。

（七）维护女职工的特殊利益，同歧视、虐待、摧残、迫害女职工的现象作斗争。

（八）搞好工会组织建设，健全民主制度和民主生活。建立和发展工会积极分子队伍。做好会员的发展、接收、教育和会籍管理工作。加强职工之家建设。

（九）收好、管好、用好工会经费，管理好工会资产和工会的企业、事业。

第二十九条 教育、科研、文化、卫生、体育等事业单位和机关工会，从脑力劳动者比较集中的特点出发开展工作，积极了解和关心职工的思想、工作和生活，推动党的知识分子政策的贯彻落实。组织职工搞好本单位的民主管理和民主监督，为发挥职工的聪明才智，创造良好的条件。

第三十条 工会基层委员会根据工作需要，可以在分厂、车间（科室）建立分厂、车间（科室）工会委员会。分厂、车间（科室）工会委员会由分厂、车间（科室）会员大会或者会员代表大会选举产生，任期和工会基层委员会相同。

工会基层委员会和分厂、车间（科室）委员会，可以根据需要设若干专门委员会或者专门小组。

按照生产（行政）班组建立工会小组，民主选举工会小组长，积极开展工会小组活动。

第六章 工会干部

第三十一条 各级工会组织按照革命化、年轻化、知识化、专业化的要求，努力建设一支坚持党的基本路线，熟悉本职业务，热爱工会工作，受到职工信赖的干部队伍。

第三十二条 工会干部要努力做到：

（一）认真学习马克思列宁主义、毛泽东思想、邓小平理论、“三个代表”重要思想、科学发展观、习近平新时代中国特色社会主义思想，学习政治、经济、历史、文化、科技、法律和工会业务等知识，提高政治能力，增强群众工作本领。

（二）执行党的基本路线和各项方针政策，遵守国家法律、法规，在改革开放和社会主义现代化建设中勇于开拓创新。

（三）信念坚定，忠于职守，勤奋工作，敢于担当，廉洁奉公，顾全大局，维护团结。

（四）坚持实事求是，认真调查研究，如实反映职工的意见、愿望和要求。

（五）坚持原则，不谋私利，热心为职工说话办事，依法维护职工的合法权益。

（六）作风民主，联系群众，增强群众意识和群众感情，自觉接受职工群众的批评和监督。

第三十三条　各级工会组织根据有关规定管理工会干部，重视发现培养和选拔优秀年轻干部、女干部、少数民族干部，成为培养干部的重要基地。

基层工会主席、副主席任期未满不得随意调动其工作。因工作需要调动时，应事先征得本级工会委员会和上一级工会同意。

第三十四条　各级工会组织建立与健全干部培训制度。办好工会干部院校和各种培训班。

第三十五条　各级工会组织关心工会干部的思想、学习和生活，督促落实相应的待遇，支持他们的工作，坚决同打击报复工会干部的行为作斗争。

县和县以上工会设立工会干部权益保障金，保障工会干部依法履行职责。

县和县以上工会可以为基层工会选派、聘用工作人员。

第七章 工会经费和资产

第三十六条 工会经费的来源：

（一）会员交纳的会费。

（二）企业、事业单位、机关和其他社会组织按全部职工工资总额的百分之二向工会拨缴的经费或者建会筹备金。

（三）工会所属的企业、事业单位上缴的收入。

（四）人民政府和企业、事业单位、机关和其他社会组织的补助。

（五）其他收入。

第三十七条 工会经费主要用于为职工服务和开展工会活动。各级工会组织应坚持正确使用方向，加强预算管理，优化支出结构，开展监督检查。

第三十八条 县和县以上各级工会应当与税务、财政等有关部门合作，依照规定做好工会经费收缴和应当由财政负担的工会经费拨缴工作。

未成立工会的企业、事业单位、机关和其他社会组织，按工资总额的百分之二向上级工会拨缴工会建会筹备金。

具备社团法人资格的工会应当依法设立独立经费账户。

第三十九条 工会资产是社会团体资产，中华全国总工会对各级工会的资产拥有终极所有权。各级工会依法依规加强对工会资产的监督、管理，保护工会资产不受损害，促进工会资产保值增值。根据经费独立原则，建立预算、决算、资产监管和经费审查监督制度。实行“统一领导、分级管理”的财务体制、“统一所有、分级监管、单位使用”的资产监管体制和“统一领导、分级管理、分级负责、下审一级”的经费审查监督体制。工会经费、资产的管理和使用办法以及工会经费审查监督制度，由中华全国总工会制定。

第四十条 各级工会委员会按照规定编制和审批预算、决算，定期向会员大会或者会员代表大会和上一级工会委员会报告经费收支和资产管理情况，接受上级和同级工会经费审查委员会审查监督。

第四十一条 工会经费、资产和国家及企业、事业单位等拨给工会的不动产和拨付资金形成的资产受法律保护，任何单位和个人不得侵占、挪用和任意调拨；不经批准，不得改变工会所属企业、事业单位的隶属关系和产权关系。

工会组织合并，其经费资产归合并后的工会所有；工会组织撤销或者解散，其经费资产由上级工会处置。

第八章 会 徽

第四十二条 中国工会会徽，选用汉字“中”、“工”两字，经艺术造型呈圆形重叠组成，并在两字外加一圆线，象征中国工会和中国工人阶级的团结统一。会徽的制作标准，由中华全国总工会规定。

第四十三条 中国工会会徽，可在工会办公地点、活动场所、会议会场悬挂，可作为纪念品、办公用品上的工会标志，也可以作为徽章佩戴。

第九章 附 则

第四十四条 本章程解释权属于中华全国总工会。

工会劳动法律监督办法

第一章 总 则

第一条 为保障和规范工会劳动法律监督工作，维护职工合法权益，推动构建和谐劳动关系，根据《中华人民共和国宪法》和《中华人民共和国工会法》、《中华人民共和国劳动法》及《中国工会章程》等有关规定，制定本办法。

第二条 工会劳动法律监督，是工会依法对劳动法律法规执行情况进行的有组织的群众监督，是我国劳动法律监督体系的重要组成部分。

第三条 工会劳动法律监督工作应当遵循依法规范、客观公正、依靠职工、协调配合的原则。

第四条 全国总工会负责全国的工会劳动法律监督工作。

县级以上地方总工会负责本行政区域内的工会劳动法律监督工作。

乡镇（街道）工会、开发区（工业园区）工会、区域性、行业性工会联合会等负责本区域或本行业的工会劳动法律监督工作。

用人单位工会负责本单位的工会劳动法律监督工作。

第五条 上级工会应当加强对下级工会劳动法律监督工作的指导和督促检查。

涉及工会劳动法律监督的重大事项，下级工会应当及时向上级工会报告，上级工会应当及时给予指导帮助。对上级工会交办的劳动法律监督事项，下级工会应当及时办理并报告。

第六条 工会应当积极配合有关部门，对政府部门贯彻实施劳动法律法规的情况进行监督。

第七条 有关劳动安全卫生、社会保险等各类专业监督检查，已有相关规定的，按规定执行。

第二章 监督职责

第八条 工会开展劳动法律监督，依法享有下列权利：

（一）监督用人单位遵守劳动法律法规的情况；

（二）参与调查处理；

（三）提出意见要求依法改正；

（四）提请政府有关主管部门依法处理；

（五）支持和帮助职工依法行使劳动法律监督权利；

（六）法律法规规定的其他劳动法律监督权利。

第九条 工会对用人单位的下列情况实施监督：

（一）执行国家有关就业规定的情况；

（二）执行国家有关订立、履行、变更、解除劳动合同规定的情况；

（三）开展集体协商，签订和履行集体合同的情况；

（四）执行国家有关工作时间、休息、休假规定的情况；

（五）执行国家有关工资报酬规定的情况；

（六）执行国家有关各项劳动安全卫生及伤亡事故和职业病处理规定的情况；

（七）执行国家有关女职工和未成年工特殊保护规定的情况；

（八）执行国家有关职业培训和职业技能考核规定的情况；

（九）执行国家有关职工保险、福利待遇规定的情况；

（十）制定内部劳动规章制度的情况；

（十一）法律法规规定的其他劳动法律监督事项。

第十条 工会重点监督用人单位恶意欠薪、违法超时加班、违法裁员、未缴纳或未足额缴纳社会保险费、侮辱体罚、强迫劳动、就业歧视、使用童工、损害职工健康等问题。对发现的有关问题线索，应当调查核实，督促整改，并及时向上级工会报告；对职工申请仲裁、提起诉讼的，工会应当依法给予支持和帮助。

第十一条　工会应当加强法治宣传，引导用人单位依法用工，教育职工依法理性表达合理诉求。

第十二条　工会建立隐患排查、风险研判和预警发布等制度机制，加强劳动关系矛盾预防预警、信息报送和多方沟通协商，把劳动关系矛盾风险隐患化解在基层、消除在萌芽状态。

第十三条　县级以上工会经同级人大、政协同意，可以参加其组织的劳动法律法规执法检查、视察。

第三章　监督组织

第十四条　县级以上总工会设立工会劳动法律监督委员会，在同级工会领导下开展工会劳动法律监督工作。工会劳动法律监督委员会的日常工作由工会有关部门负责。

基层工会或职工代表大会设立劳动法律监督委员会或监督小组。工会劳动法律监督委员会受同级工会委员会领导。职工代表大会设立的劳动法律监督委员会对职工代表大会负责。

工会劳动法律监督委员会任期与本级工会任期相同。

第十五条　县级以上工会劳动法律监督委员会委员由相关业务部门的人员组成，也可以聘请社会有关人士参加。

基层工会劳动法律监督委员会委员或监督小组成员从工会工作者和职工群众中推选产生。

第十六条　工会劳动法律监督委员会可以聘任若干劳动法律监督员。工会劳动法律监督委员会成员同时为本级工会劳动法律监督员。

第十七条　工会劳动法律监督员应当具备以下条件：

（一）具有较高的政治觉悟，热爱工会工作；

（二）熟悉劳动法律法规，具备履职能力；

（三）公道正派，热心为职工群众说话办事；

（四）奉公守法，清正廉洁。

第十八条 工会劳动法律监督员实行先培训合格、后持证上岗制度。工会劳动法律监督员由县级以上总工会负责培训，对考核合格的，颁发《工会劳动法律监督员证书》。证书样式由中华全国总工会统一制定。

第十九条 各级工会应当建立有关制度和信息档案，对工会劳动法律监督员进行实名制管理，具体工作由工会有关部门负责。

第二十条 工会可以聘请人大代表、政协委员、专家学者、社会人士等作为本级工会劳动法律监督委员会顾问，也可以通过聘请律师、购买服务等方式为工会劳动法律监督委员会提供法律服务。

第四章　监督实施

第二十一条 基层工会对本单位遵守劳动法律法规的情况实行监督，对劳动过程中发生的违反劳动法律法规的问题，应当及时向生产管理人员提出改进意见；对于严重损害劳动者合法权益的行为，基层工会在向单位行政提出意见的同时，可以向上级工会和当地政府有关主管部门报告，提出查处建议。

第二十二条 职工代表大会设立的劳动法律监督委员会，对本单位执行劳动法律法规的情况进行监督检查，定期向职工代表大会报告工作，针对存在的问题提出意见或议案，经职工代表大会作出决议，督促行政方面执行。

第二十三条 工会建立健全劳动法律监督投诉制度，对实名投诉人个人信息应当予以保密。

第二十四条 上级工会收到对用人单位违反劳动法律法规行为投诉的，应当及时转交所在用人单位工会受理，所在用人单位工会应当开展调查，于三十个工作日内将结果反馈职工与上级工会。对不属于监督范围或者已经由行政机关、仲裁机构、人民法院受理的投诉事项，所在用人单位工会应当告知实名投诉人。

用人单位工会开展劳动法律监督工作有困难的，上级工会应当及时给予指导帮助。

第二十五条 工会在处理投诉或者日常监督工作中发现用人单位存在违反劳动法律法规、侵害职工合法权益行为的，可以进行现场调查，向有关人员了解情况，查阅、复制有关资料，核查事实。

第二十六条 工会劳动法律监督员对用人单位进行调查时，应当不少于2人，必要时上级工会可以派员参与调查。

工会劳动法律监督员执行任务时，应当将调查情况在现场如实记录，经用人单位核阅后，由调查人员和用人单位的有关人员共同签名或盖章。用人单位拒绝签名或盖章的，应当在记录上注明。

工会劳动法律监督员调查中应当尊重和保护个人信息，保守用人单位商业秘密。

第二十七条 工会主动监督中发现违反劳动法律法规、侵害职工合法权益行为的，应当及时代表职工与用人单位协商，要求整改。对于职工的投诉事项，经调查认为用人单位不存在违反劳动法律法规、侵害职工合法权益行为的，应当向职工说明；认为用人单位存在违反劳动法律法规、侵害职工合法权益行为的，应当代表职工协商解决。

第二十八条 工会对用人单位违反劳动法律法规、侵害职工合法权益的行为，经协商沟通解决不成或要求整改无效的，向上一级工会报告，由本级或者上一级工会根据实际情况向用人单位发出工会劳动法律监督书面意见。

用人单位收到工会劳动法律监督书面意见后，未在规定期限内答复，或者无正当理由拒不改正的，基层工会可以提请地方工会向同级人民政府有关主管部门发出书面建议，并移交相关材料。

第五章 监督保障

第二十九条 工会开展劳动法律监督活动所需经费纳入本级工会预算。

第三十条 地方工会可以结合实际，建立非公有制企业工会劳动法律监督员配套补助制度。

第三十一条 各级工会应当为工会劳动法律监督员履职创造必要条件。工会劳动法律监督员因依法履职受到打击报复的，有权向本级或上级工会反映，上级工会应当及时给予支持和帮助，依法维护其合法权益。

第六章 附 则

第三十二条 本办法由中华全国总工会负责解释。

第三十三条 本办法自印发之日起施行。1995 年 8 月 17 日中华全国总工会印发的《工会劳动法律监督试行办法》同时废止。

福建省工会劳动法律监督条例

第一章 总 则

第一条 为了保障和规范工会劳动法律监督，维护职工合法权益，构建和谐劳动关系，根据《中华人民共和国工会法》《中华人民共和国劳动法》《中华人民共和国劳动合同法》《中华人民共和国安全生产法》等有关法律、行政法规，结合本省实际，制定本条例。

第二条 本省行政区域内实施工会劳动法律监督，适用本条例。

本条例所称工会劳动法律监督，是指工会依法对用人单位遵守劳动法律法规、维护职工合法权益情况实施的有组织的群众性监督。

第三条 工会劳动法律监督应当遵循依法监督、客观公正、平等协商、依靠群众的原则。

第四条 地方总工会负责组织、指导、协调和实施本行政区域内的工会劳动法律监督。

行业工会负责指导、协调和实施本行业的工会劳动法律监督。

基层工会负责实施所辖范围内的工会劳动法律监督。

第五条 县级以上地方人民政府应当将构建和谐劳动关系纳入国民经济和社会发展规划、政府目标责任考核体系，完善政府与同级地方总工会联席会议制度，加强劳动保障监察工作，支持工会依法实施工会劳动法律监督。

县级以上地方人民政府制定涉及职工劳动权益的重大政策，研究涉及职工劳动权益的重大问题，开展劳动保障监察工作时，应当听取同级地方总工会的意见；对用人单位遵守劳动法律法规情况进行专项检查时，应当邀请同级地方总工会参加。

第六条 县级以上地方人民政府人力资源和社会保障、安全生产监督管理、公安、司法行政、卫生和计划生育、民政、市场监督管理、住房和城乡建设等部门，应当与同级地方总工会就劳动法律法规实施情况相互通报，定期会商，实现劳动领域监督工作情况的资源共享。

县级以上地方人民政府人力资源和社会保障部门应当将劳动法律监督信息纳入政府网络平台，与地方总工会实现劳动争议调解、仲裁、劳动保障行政处罚等信息的互联互通。

第七条 县级以上地方人民政府人力资源和社会保障部门会同地方总工会以及企业与企业家联合会和工商业联合会等企业方面代表组织，建立健全协调劳动关系三方机制，共同研究解决工会劳动法律监督等方面重大问题，组织开展专题调研督查。

第八条 用人单位应当主动接受和配合工会依法实施工会劳动法律监督。

工会应当教育职工遵守用人单位依法制定的规章制度和履行劳动合同，引导职工合理有序表达诉求；支持用人单位依法开展生产经营和管理活动。

工会与用人单位应当建立集体协商制度，定期就涉及职工合法权益事项进行沟通协商，加强对劳动纠纷的事前预防和协商解决。

第九条 新闻媒体应当宣传与工会劳动法律监督相关的法律法规及其实施情况，加强对违反劳动法律法规、侵犯职工合法权益行为的舆论监督。县级以上地方总工会可以通过新闻媒体对侵害职工合法权益的重大事件及处置情况进行通报。

第十条 县级以上地方人民政府及地方总工会对遵守劳动法律法规、维护职工合法权益和开展工会劳动法律监督成绩显著的单位和个人，按照有关规定给予表彰奖励。

第二章 监督组织与职责

第十一条 地方总工会、行业工会、基层工会设立工会劳动法律监督委员会，在本级工会的领导和上级工会劳动法律监督委员会的业务指导下，具体实施工会劳动法律监督。未设立工会委员会的基层工会，可以不设立工会劳动法律监督委员会，但应当推选工会劳动法律监督员，承担本单位的工会劳动法律监督具体工作。

第十二条 地方总工会劳动法律监督委员会履行下列职责：

（一）制定工会劳动法律监督工作计划；

（二）培训工会劳动法律监督员；

（三）对本辖区内遵守劳动法律法规情况实施监督，指导行业工会、基层工会的劳动法律监督工作；

（四）根据本条例的规定，向用人单位或者提请本级工会向同级人民政府人力资源和社会保障等有关部门发出相关文书。

第十三条 行业工会、基层工会劳动法律监督委员会履行下列职责：

（一）受本级工会委派，参与行业或者用人单位安全生产、劳动报酬、工作时间、休息休假、职业病防治、保险福利、职工培训、劳动纪律等规章制度的制定、修改或者重大事项的决定；

（二）对本行业或者用人单位遵守劳动法律法规情况实施监督；

（三）发生劳动纠纷时，组织、参与用人单位和职工的协商解决；

（四）根据本条例的规定，向用人单位发出相关文书。

第十四条 工会劳动法律监督委员会由主任和二名以上监督员组成。主任由工会主席或者副主席担任，监督员从工会会员中推选产生，应当有适当比例的女性。工会劳动法律监督委员会任期与本级工会任期相同。

工会劳动法律监督委员会可以根据实际需要，聘请人大代表、政协委员、专家学者、社会人士等担任特邀监督员，任期根据聘请协议确定。

第十五条 工会劳动法律监督员应当具备下列条件：

（一）熟悉劳动法律法规规章和政策；

（二）具有履行职责所需的能力；

（三）热爱本职工作，责任心强；

（四）热心维护职工合法权益；

（五）奉公守法、清正廉洁。

工会劳动法律监督员应当经过县级以上地方总工会培训、考核，并取得《工会劳动法律监督员证》。

第十六条 工会劳动法律监督员应当认真履职，开展经常性调查，发现问题及时向工会劳动法律监督委员会报告。

工会劳动法律监督员不得徇私舞弊，不得泄露用人单位商业秘密和职工个人隐私，办理的事项与本人或者其近亲属有利害关系的，应当自行回避。职工或者用人单位认为工会劳动法律监督员应当回避的，可以向本级或者上级工会提出。

职工或者用人单位发现工会劳动法律监督员利用职务便利损害其合法权益的，可以向本级或者上级工会举报投诉。

第十七条 工会应当将实施工会劳动法律监督所需的各项经费依法纳入本级工会预算，给予基层工会劳动法律监督员适当补助。县级以上地方总工会可以通过设立法律顾问、聘请律师、购买服务等方式为工会劳动法律监督委员会提供法律服务。

用人单位应当为工会劳动法律监督员依法履职提供必要的条件，不得通过扣减工资福利、降低职级、免除职务、解除劳动合同等方式对工会劳动法律监督员进行打击报复。

第三章　监督与协商处理

第十八条 工会劳动法律监督的主要事项有：

（一）用人单位涉及职工利益的劳动规章制度的制定、修改、执行情况；

（二）工资集体协商和集体合同制度的建立和执行情况；

（三）劳动合同的订立、履行、变更、解除和终止情况；

（四）劳动报酬分配、调整、支付和社会保险、福利待遇的落实情况；

（五）工作时间、休息和休假制度的执行情况；

（六）安全生产、职业病防治等劳动安全卫生的执行情况；

（七）女职工、未成年工和残疾职工特殊权益保护的情况；

（八）职工教育培训及其经费提取、使用的情况；

（九）劳务派遣单位和用工单位遵守劳动法律法规、保障被派遣人员合法权益的情况；

（十）职工代表大会制度的建立和落实情况；

（十一）法律法规规定的其他情况。

第十九条　工会劳动法律监督委员会认为用人单位可能违反本条例第十八条所列事项的，可以给予口头提示、沟通协商；必要时，发出《工会劳动法律监督提示函》。

第二十条　任何单位和个人对用人单位违反劳动法律法规的行为，可以向工会劳动法律监督委员会举报或者投诉，工会劳动法律监督委员会应当建立健全举报和投诉制度，公开工作地点、联系人和联系方式等信息。

工会劳动法律监督委员会接到对用人单位违反劳动法律法规行为的举报或者投诉，应当及时受理；对不属于监督范围或者已经由行政机关、仲裁机构、人民法院受理的投诉事项，工会劳动法律监督委员会不予受理，并于收到举报或者投诉之日起五个工作日内，书面告知实名举报投诉人。

工会劳动法律监督委员会对举报投诉人身份资料应当予以保密。

第二十一条　工会劳动法律监督委员会在处理举报投诉或者日常监督工作中发现用人单位存在违反劳动法律法规、侵害职工合法权益行为的，可以进行现场调查，向有关人员了解情况，查阅、复制有关资料，核查事实。

现场调查应当由二名以上工会劳动法律监督员进行，并出示《工会劳动法律监督员证》。

工会劳动法律监督员只有一名，或者未设立工会的用人单位，地方总工会、行业工会劳动法律监督委员会可以派员开展现场调查。

第二十二条　工会劳动法律监督委员会进行调查时，应当听取用人单位和职工的意见；根据工作需要，可以听取企业与企业家联合会、工商业联合会等企业方面代表组织的意见。

用人单位应当配合工会劳动法律监督委员会的调查，阻挠调查，伪造、隐匿、毁灭或者拒绝提供资料的，工会劳动法律监督员应当如实记录相关情况。

第二十三条 工会劳动法律监督委员会调查后，认为用人单位不存在违反劳动法律法规、侵害职工合法权益行为的，应当向职工说明；认为用人单位存在违反劳动法律法规、侵害职工合法权益行为的，应当根据职工和用人单位意愿，组织双方沟通，协商解决。协商不成的，向本级或者上一级工会报告，由本级或者上一级工会根据实际情况向用人单位发出《工会劳动法律监督意见书》，提出改正意见。

第二十四条 用人单位应当自收到《工会劳动法律监督意见书》之日起十五个工作日内，说明办理情况。用人单位认为工会劳动法律监督意见不适当的，应当书面说明理由。

第二十五条 用人单位收到《工会劳动法律监督意见书》后，未在规定期限内答复，或者无正当理由拒不改正的，行业工会、基层工会应当提请地方总工会向同级人民政府人力资源和社会保障等有关部门发出《工会劳动法律监督建议书》，并移交相关材料。

县级以上地方人民政府人力资源和社会保障等有关部门收到《工会劳动法律监督建议书》后，应当依法调查处理，并在办结后十五个工作日内反馈处理结果。

第二十六条 职工申请仲裁或者提起诉讼时需要使用工会劳动法律监督委员会获取的有关资料的，工会劳动法律监督委员会应当提供。

第四章　法律责任

第二十七条 违反本条例第二十二条第二款规定，用人单位伪造、隐匿、毁灭或者拒绝提供资料的，由人力资源和社会保障部门责令限期改正；逾期不改正的，由人力资源和社会保障部门对其处以二千元以上二万元以下罚款。

第二十八条 用人单位违反本条例规定，对依法履行职责的工会劳动法律监督员和反映情况的职工，采取扣减工资福利、降低职级、免除职务、解除劳动合同等方式进行打击报复的，由人力资源和社会保障部门责令改正；造成经济损失的，应当依法给予赔偿；构成犯罪的，依法追究刑事责任。

第二十九条 工会劳动法律监督员违反本条例规定，损害职工或者用人单位合法权益的，由本级工会责令改正；情节严重的，撤销其工会劳动法律监督员资格，收回《工会劳动法律监督员证》，不得再次担任工会劳动法律监督员；因故意或者重大过失，造成用人单位直接经济损失的，应当依法承担相应的法律责任。

第三十条 国家机关工作人员违反本条例规定，妨碍工会劳动法律监督工作的，由其所在单位责令改正；情节严重的，依法给予处分。

第五章 附 则

第三十一条 本条例所称基层工会是指企业、机关事业单位、乡镇（街道）、村（居）、工业园区、社会组织等工会。

第三十二条 《工会劳动法律监督员证》《工会劳动法律监督提示函》《工会劳动法律监督意见书》《工会劳动法律监督建议书》的格式文本，由省总工会统一制订。

第三十三条 本条例自 2017 年 10 月 1 日起施行。

福建省企业集体协商和集体合同条例（节选）

第三条 企业应当依法建立集体协商和集体合同制度。

第五条 依法签订的集体合同对企业和职工具有约束力。企业规章制度不得与集体合同的规定相抵触。

劳动合同中约定的劳动条件和劳动报酬等标准不得低于集体合同规定的标准；集体合同中约定的劳动条件和劳动报酬等标准不得低于当地人民政府规定的最低标准；企业与企业职工一方签订的集体合同中约定的劳动条件和劳动报酬等标准不得低于行业性、区域性集体合同规定的标准。

第六条 集体协商、签订集体合同实行属地管理，由企业所在地的劳动行政主管部门管理与监督。

省劳动行政主管部门管理与监督中央属和省属企业，也可以委托设区的市劳动行政主管部门管理与监督。

地方总工会、地方产业工会及代表企业方面的组织应当帮助、指导集体合同的签订和履行，并依法进行监督。

第八条 企业职工一方的协商代表由企业工会选派，企业的协商代表由企业法定代表人指派。企业工会主席和企业法定代表人应当担任本方首席代表，因故不能担任的，应当由其书面委托本方一名代表担任。企业女职工委员会主任应当作为职工方的协商代表。

尚未建立工会的，企业职工一方的协商代表由上级工会或者行业工会指导企业职工民主推荐产生，并经企业半数以上职工同意，首席代表从协商代表中民主推举产生。

在县级以下区域内，加工制造业、建筑业、采矿业、餐饮服务业等行业，职工一方可以通过行业性、区域性工会与本行业、本区域的企业方开展行业性、区域性集体协商。

行业性、区域性集体协商代表，职工一方由行业性、区域性工会组织或者上级工会选派，首席代表由行业性、区域性工会主要负责人担任；企业方由本行业、本区域的企业组织选派，也可以由代表企业方面的组织召集本行业、本区域内企业民主推荐产生，首席代表从协商代表中民主推举产生。

第十二条 集体协商任何一方均可以就签订集体合同或者专项集体合同以及相关事宜，以书面形式向对方提出协商要求，职工一方的书面要求可以通过工会提出。企业方书面要求由企业指派的协商代表提出。

一方书面提出协商要求的，另一方应当在收到书面要求之日起的十五日内以书面形式答复。无正当理由不得拒绝、拖延进行集体协商。

第十三条 企业与企业职工一方应当每年就劳动定额、工资分配和调整等事项进行集体协商。

有下列情形之一的，企业职工一方或者企业可以提出工资专项集体协商要求：

（一）本企业劳动生产率和经济效益变动的；

（二）本地区城镇居民消费价格指数持续较大变动的；

（三）当地人民政府发布的工资指导线变动的。

第十七条 企业应当保证协商代表履行职责必要的工作时间和工作条件。协商代表参加集体协商的时间视为正常工作时间。

企业职工一方的协商代表履职期间遇到劳动合同期满，其劳动合同期限自动延长至完成履行协商代表职责之时。职工在担任协商代表期间，除有《中华人民共和国劳动合同法》第三十九条规定情形的，企业不得与其解除劳动合同。企业无正当理由不得调整协商代表的工作岗位。

在协商期间，企业依照《中华人民共和国劳动合同法》第四十一条规定裁减人员时，协商代表有保留工作优先权。

第十九条 企业职工一方与企业可以就下列多项或者某项内容，签订集体合同或者专项集体合同：

（一）劳动报酬；

（二）工作时间、休息休假；

（三）裁减人员、劳动合同管理；

（四）劳动安全与卫生、补充保险和福利；

（五）女职工和未成年工特殊保护、劳务派遣人员权益保护；

（六）职业技能培训；

（七）双方履行集体合同的权利和义务；

（八）集体合同的期限；

（九）变更、解除与终止集体合同的条件和程序；

（十）争议的处理；

（十一）违约责任；

（十二）双方需要协商的其他事项。

行业性、区域性集体合同应当包括以下内容：

（一）本行业、本区域的最低工资标准；

（二）本行业、本区域工资调整的最低幅度。

第二十四条 集体合同期限一般为一至三年。在集体合同规定的期限内，经双方协商一致，可以对集体合同进行变更或者解除。

第二十七条 企业工会主席或者企业法定代表人应当定期向职工代表大会或者全体职工大会报告集体合同的履行情况。

第三十条 违反本条例规定，有下列情形之一的，由劳动行政主管部门以书面形式责令限期改正；拒不改正的，劳动行政主管部门应当予以通报批评：

（一）拒绝或者故意拖延集体协商的；

（二）不提供或者不按时、不如实提供集体协商所需资料的；

（三）企业无正当理由变更、解除协商代表的劳动合同或者调整协商代表工作岗位的；

（四）企业规章制度与集体合同约定相抵触的；

（五）不按照规定报送集体合同的；

（六）阻挠进行集体协商或者拒不履行已经生效的集体合同的。

违反前款第（一）、（三）、（六）项之一，情节严重的，劳动行政主管部门可以将其不良行为记入企业劳动保障守法诚信档案，并对该企业处以三千元至三万元的罚款，还可以同时对企业法定代表人或者主要负责人处以一千元至一万元的罚款。

福建省人口与计划生育条例（节选）

第四十一条 依法办理结婚登记的夫妻享受婚假十五日；符合本条例生育子女的夫妻，女方产假延长为一百五十八日至一百八十日，男方照顾假为十五日。婚假、产假、照顾假期间，工资照发，不影响晋升。

妇女怀孕、生育和哺乳期间，按照国家和本省有关规定享受特殊劳动保护并可以获得帮助和补偿。

福建省女职工劳动保护条例（节选）

第四条 用人单位在录（聘）用、定岗、晋职、晋级、评聘专业技术职务和裁员时，不得以任何理由和方式歧视女性。

第七条 用人单位每两年至少组织女职工进行一次含妇科检查的健康体检，三十五周岁以上女职工应当增加乳腺癌、宫颈癌筛查项目，费用由用人单位承担，检查时间视为劳动时间。

对从事接触职业病危害作业的女职工，用人单位应当按照有关法律、法规规定组织上岗前、在岗期间和离岗时职业健康检查，建立职业健康监护档案，并将检查结果书面告知女职工本人。职业健康检查费用由用人单位承担。

第八条 女职工在孕期、产期、哺乳期（指自婴儿出生之日起至满一周岁止）内，除有法律、法规规定的情形外，用人单位不得解除劳动关系。劳动合同期满而孕期、产期、哺乳期未满的，除女职工本人提出解除劳动合同外，劳动合同的期限自动延续至孕期、产期、哺乳期期满。

第九条 用人单位应当遵守国家有关女职工禁忌从事的劳动范围的规定，对已经从事的，应当予以调整岗位。

从事连续四个小时以上站立劳动的女职工在月经期间，经本人提出，用人单位应当视具体情况安排其适当的工间休息。

女职工在孕期不能适应原劳动岗位的，经本人申请并出具县级以上医疗机构的证明，用人单位应当予以减轻劳动量或者安排其他能够适应的岗位。

有条件的用人单位，可以每月向女职工发放卫生用品或者费用。

第十一条 由县级以上的医疗机构或者妇幼保健机构诊断患有更年期

综合症的女职工，经治疗效果仍不显著，且不能适应原劳动岗位的，经本人申请，双方协商同意，用人单位为其暂时安排适宜的工作。

第十三条 符合《福建省人口与计划生育条例》规定生育子女的，女职工产假为一百五十八天至一百八十天，具体天数由用人单位规定，男方照顾假为十五天。

女职工怀孕流产的，根据具有人工终止妊娠手术资格的医疗保健机构或者计划生育技术服务机构的证明，享有产假。怀孕三个月以内流产的，产假为十五天至三十天；怀孕三个月以上流产的，产假为四十二天；怀孕七个月以上流产的，产假为九十八天。

第十四条 女职工产假期满，经本人申请、用人单位同意，可以请哺乳假至婴儿满一周岁。哺乳假期间的工资由双方协商确定，不得低于生育津贴的百分之六十，且不得低于当地最低工资标准。

鼓励用人单位对符合法律、法规规定生育子女的夫妻，在子女三周岁以下期间，每年给予夫妻双方各十天育儿假。

第十八条 用人单位应当结合本单位劳动生产特点，预防和制止对女职工的性骚扰；在处理女职工性骚扰投诉时，应当依法保护女职工的个人隐私。

福建省总工会关于认真学习宣传贯彻《福建省工会劳动法律监督条例》的通知

各设区市总工会，平潭综合实验区工会工委，各省级产业（系统）工会，省总工会直属企业工会：

《福建省工会劳动法律监督条例》（以下简称《条例》）于 2017 年 7 月 25 日颁布，将于 10 月 1 日起正式施行。为认真做好《条例》的学习宣传贯彻工作，现就有关事项通知如下：

一、充分认识《条例》颁布实施的重要意义

工会代表职工对用人单位遵守劳动法律法规情况进行有组织的群众性监督，是法律赋予工会组织的神圣职责。1996 年以来，我省各级工会根据法律法规规定，积极探索，大胆实践，在劳动法律监督工作方面取得许多重要成果，积累了一些成功经验和行之有效做法，促进了劳动关系和谐社会稳定。

在省委的重视关心下，省人大将我省工会在开展劳动法律监督方面的成功经验做法加以总结归纳，用地方立法的形式固化下来，使之系统化制度化法治化，是对工会工作的充分肯定和大力支持。《条例》重点对工会组织在劳动争议未进入仲裁、诉讼环节前的有关活动进行规定，厘清了工会劳动法律监督与劳动行政监督的关系，规范了工会劳动法律监督的程序和方法，对于促进劳动纠纷从事后处理向事前预防转变，最大限度地发挥工会组织群众性优势，为矛盾纠纷化解在基层提供了有力的法律支撑和基础保障。

《条例》的颁布，标志着我省工会依法治会、依法维权进入新阶段。《条例》的贯彻实施，对于推动工会改革，实现增“三性”、去“四化”和“转职能、转方式、转作风”都具有重要意义。全省各级工会要以《条例》的颁布实施为契机，强化法治意识，以法治思维凝聚共识，用法治方式化解矛盾，为构建和谐劳动关系，促进企业发展，维护社会稳定做出新贡献。

二、广泛深入开展《条例》学习宣传活动

全省各级工会要迅速行动起来，广泛组织、深入开展以“喜迎十九大和谐促发展”为主题的学习宣传普及《条例》系列活动。自觉把《条例》学习宣传融入学习宣传党的十九大精神之中，结合到工会“七五”普法和农民工法治宣传等活动之中，使《条例》和更多劳动法律法规为职工群众所熟悉、为工会组织所遵循，为企业和企业家所信奉。

县级以上地方工会要通过组织学习会、读书班、讲座等形式，分级分批对工会干部进行普遍培训。全省工会干部要争做《条例》的宣传员和推动者，带头学习《条例》和劳动法律，逐字逐句逐条研读，把《条例》的文本学深悟透，深刻领会立法精神，全面掌握《条例》内容，做到映射于脑、烂熟于心，化为思想和行动自觉。

省、市、县三级工会要分别成立宣讲团，负责对本级直属企业、下一级工会骨干及基层工会工作者进行《条例》和相关劳动法律法规的宣传贯彻，通过送法进园区、进企业、进社区，把《条例》的立法宗旨、主要内容交给基层工会干部和职工群众，让基层工会干部明确监督主体、监督内容、监督手段和监督程序等，帮助基层工会组织和基层工会干部提高协商沟通能力、掌握提示函和意见书的使用方法，让企业所有者和经营者明白工会劳动法律监督的目的、了解违反《条例》的法律后果。

要创新宣传方式，拓展宣传载体，丰富宣传内容。在充分发挥主流媒体和工人文化宫、俱乐部、宣传栏、宣传橱窗等工会宣传阵地作用的同时，更加重视发挥网站、微信、微博等新媒体的重要作用，更多地采用文

艺表演、知识竞赛、有奖竞答等职工群众喜闻乐见的参与式、体验式、互动式的多种方式开展《条例》宣传，增强《条例》宣传的吸引力和实际效果。

三、大力推动《条例》全面贯彻实施

法的生命在于实施。各级工会要认真抓好工会劳动法律监督的组织建设。2017 年底前，市、县两级工会必须全部建立工会劳动法律监督委员会，并积极开展宣传和监督工作。已经建立工会劳动法律监督组织的基层工会，按《条例》要求进行规范；独立建会的基层工会和行业（产业、系统）工会，还没有建立工会劳动法律监督组织的，必须在 2018 年前全部建立，使全省工会形成全面覆盖、上下贯通、机制健全、运作规范的工会劳动法律监督工作体系。各级工会劳动法律监督委员会成立后，必须公开工作地点、联系人和联系方式，并建立举报与投诉受理、现场调查和“一函两书”使用等制度。

要加强工会劳动法律监督员队伍建设。各级工会应当建立健全监督员选聘、培训、考核、建档工作制度。县级以上地方工会劳动法律监督委员会应根据实际需要从人大代表、政协委员、劳动关系领域专家学者和有关社会人士中选聘一定比例的特邀监督员，优化监督员队伍结构；监督委员会中应有两名以上专兼职律师（力量不足的可购买服务），以保证监督委员会的法律服务水平。行业（产业、系统）和基层工会劳动法律监督委员会成员以本级工会会员为主，必要时可以向所在地方工会申请法律援助。要加强对工会劳动法律监督员的培训、管理和考核，各级工会劳动法律监督员必须经过县级以上地方总工会的培训、考核并取得《工会劳动法律监督员证》，方可上岗。要将工会劳动法律监督员培训列入工会年度总体培训计划，省、市总工会负责本级行业（产业、系统）、企业监督员和下一级总工会的师资培训，县（区）总工会负责培训所辖行业（产业、系统）、企业监督员。

各级地方工会要主动加强与人社、安监、公安、司法、卫计、民政、市场监督管理、住建、工商联、企联等部门联系，就劳动法律法规实施情况建立相互通报、定期会商制度，实现工会劳动法律监督与行政执法监督的有机衔接；充分发挥政府与工会联席会议、协调劳动关系三方会议等平台作用，及时解决工会劳动法律监督工作中遇到的突出问题，使工会劳动法律监督工作取得新的更大成效。

四、切实加强对工会劳动法律监督工作的领导

推动《条例》学习宣传贯彻，加强工会劳动法律监督，是各级工会当前及今后的一项重要工作，要摆上各级工会的重要议事日程，列入年度重点工作计划。主要领导要统筹安排亲自抓，分管领导尽职尽责具体抓，尽快召开动员部署会议，做好学习宣传发动工作，并结合本地实际，抓紧制定具体实施方案，明确目标任务、工作措施和时间进度。2018 年开始，按照《条例》规定，工会劳动法律监督工作经费要列入本级工会预算。

要加强对监督工作进展情况的跟踪调研和定期通报，全面掌握工作进展，及时发现和解决出现的新情况、新问题，认真做好信息交流和典型推广工作，推动我省工会劳动法律监督工作再上新台阶，为新福建建设作出新贡献，以优异成绩迎接党的十九大胜利召开。

福建省工会劳动法律监督员管理暂行办法

一、总 则

第一条 为加强对我省工会劳动法律监督员管理，切实发挥工会劳动法律监督员作用，更好维护职工合法权益，有力促进构建和谐劳动关系，根据《福建省工会劳动法律监督条例》，制定本办法。

第二条 本办法规定的工会劳动法律监督员是指根据《福建省工会劳动法律监督条例》的规定聘任的，在法定监督范围内对用人单位执行劳动法律法规、维护职工合法权益情况进行监督的监督员和特邀监督员。

第三条 全省实行工会劳动法律监督员资格考试（核）、在职培训、工作考核和任免制度。县级以上地方总工会劳动法律监督委员会依法对工会劳动法律监督员进行统一管理。

第四条 工会劳动法律监督员证件由福建省总工会劳动法律监督委员会统一制定，经县级以上地方总工会劳动法律监督委员会核准后由聘任单位发给。

二、资 格

第五条 工会劳动法律监督员应当具备下列条件：

（一）熟悉劳动法律法规规章和政策；

（二）具有履行职责所需的能力；

（三）热爱本职工作，责任心强；

（四）热心维护职工合法权益；

（五）奉公守法、清正廉洁。

第六条 工会劳动法律监督员应当经过县级以上地方总工会资格考试（核）合格，并取得《工会劳动法律监督员证》后方可受聘。工会劳动法律监督员在领取《工会劳动法律监督员证》时，应进行宣誓。

第七条 工会劳动法律监督员领取《工会劳动法律监督员证》后，经所在地方或单位的工会劳动法律监督会聘任，方可上岗。

三、职　责

第八条 工会劳动法律监督员履行下列职责：

（一）宣传劳动法律、法规、规章和政策；

（二）对用人单位执行劳动法律法规规章和政策情况开展经常性调查，发现问题及时向工会劳动法律监督委员会报告；

（三）接受对用人单位违反劳动法律法规规章和政策行为的举报或者投诉；

（四）组织、参与用人单位与职工劳动纠纷的协商解决；

（五）受工会劳动法律监督委员会的委派，对用人单位遵守劳动法律法规规章和政策情况进行现场调查，并提出处理意见和建议；

（六）教育职工遵守用人单位依法制定的规章制度和履行劳动合同，引导职工合理有序表达诉求，支持用人单位依法开展生产经营和管理活动；

（七）承担工会劳动法律监督委员会交办的其他工作。

第九条 工会劳动法律监督员在履职时应当遵循依法监督、客观公正、平等协商、依靠群众的原则。

第十条 工会劳动法律监督员在履职过程中不得徇私舞弊，不得泄露用人单位商业秘密和职工个人隐私，办理的事项与本人或者其近亲属有利害关系的，应当自行回避。职工或者用人单位认为工会劳动法律监督员应当回避的，可以向本级或者上级工会提出。

第十一条 职工或者用人单位发现工会劳动法律监督员利用职务便利

损害其合法权益的，可以向本级或者上级工会举报投诉。

第十二条　各级工会应当将实施工会劳动法律监督所需的各项经费依法纳入本级工会预算，并按照规定给予非公有制企业工会劳动法律监督员适当补助（具体办法另行制定）。

第十三条　用人单位应当为工会劳动法律监督员依法履职提供必要的条件，监督员履行监督职责和参加上级工会组织的相关培训视为正常工作时间，不得通过扣减工资福利、降低职级、免除职务、解除劳动合同等方式对工会劳动法律监督员进行打击报复。

四、任　免

第十四条　工会劳动法律监督员从工会会员中推选产生，应当有适当比例的女性。工会劳动法律监督员任期与本级工会任期相同。特邀监督员根据实际需要从人大代表、政协委员、劳动关系领域专家学者和有关社会人士中选聘，任期根据聘请协议确定。根据工作需要并征得本人同意，工会劳动法律监督员任期期满并经考核合格后，可以续任并换发新证。

第十五条　各级地方总工会具体负责本辖区内的工会劳动法律监督员管理工作，主要内容是：

（一）建立工会劳动法律监督员工作档案，定期考核和通报工会劳动法律监督员工作情况；

（二）根据工作需要，适时召开工会劳动法律监督工作会议，研究在实施工会劳动法律监督中发现的重大问题，通报工会劳动法律监督工作的实施情况；

（三）适时组织对工会劳动法律监督员的培训，不断提高他们的政治素质和业务素质；

（四）县级以上地方总工会每年要将辖区内的工会劳动法律监督员任职、调整情况报上级总工会相关业务部门备案。

五、奖　惩

第十六条　各级地方总工会对工会劳动法律监督员每年年终进行一次考核，对成绩突出者，可以按照有关规定给予表彰奖励；对考核不合格或已调离岗位的人员，由所辖地方总工会负责收回证件，并予以注销。

六、附　则

第十七条　县级以上地方工会劳动法律监督委员会中应有两名以上专兼职律师（力量不足的可购买服务），以保证工会劳动法律监督委员会的法律服务水平。

第十八条　本办法由省总工会负责解释。

第十九条　本办法自下发之日起施行。

福建省工会劳动法律监督员证管理办法

第一条 工会劳动法律监督员应当经过县级以上地方总工会培训、考核，并取得《工会劳动法律监督员证》。

第二条 《工会劳动法律监督员证》为工会劳动法律监督员履行职责的证件，开展现场调查应出示此证。

第三条 《工会劳动法律监督员证》的格式文本，由省总工会统一制订。县级以上地方总工会可根据工作需要，严格按照格式要求进行证书的印制。

第四条 县级以上地方总工会负责证书发放，并建立健全证书日常管理台账，实现动态管理。

第五条 根据证书编号规则和行政区划，统一划分各市、县（区）证书编码号段（详见附件）。新发证书编号优先选取已注销号码进行补录，确保编号连续。

第六条 证书有效期起始时间为制证当月，有效期与基层工会劳动法律监督委员会任期一致。

第七条 证书退回。证书过期、监督员离职、调任或存在不宜继续担任情况的，其证书应交还所在基层工会。各基层工会于年底统一退回发证机关。

第八条 证书注销。各级地方总工会每年年底应对台账情况进行审查，将离职、调任或存在不宜继续担任人员的证书予以注销。

关于建立工会劳动法律监督台账的通知

各设区市、平潭综合实验区总工会权益保障部门：

《福建省工会劳动法律监督条例》（以下简称《条例》）颁布以来，各地深入学习贯彻实施《条例》，扎实开展监督工作，取得较好成效。为进一步规范管理，提高工会劳动法律监督的质量和水平，经研究决定，借鉴先进地区做法和经验，在全省推广建立福建省工会劳动法律监督台账，有关要求如下：

1. 各级工会劳动法律监督委员会在开展劳动法律监督工作过程中，应按要求填写《福建工会劳动法律监督案件登记表》（附后），建立健全工作台账。

2. 2019 年起，各设区市每半年统计填报一次《福建工会“一函两书”发放情况统计表》（附件 2，请在电子表格上直接填写），分别于 6 月 30 日和 12 月 31 日之前报送至省总工会权益部。

3. 各地在开展监督工作过程中，遇有 5 人以上群体性案件和困难案件，应及时向上一级工会劳动法律监督委员会报告。

关于规范工会劳动法律监督与劳动保障监察执法联动工作的通知

各市、县（区）总工会、人力资源和社会保障局，平潭综合实验区总工会、社会事业局、综合执法与应急管理局：

为促进劳动保障法律法规的贯彻执行，切实发挥工会组织和劳动保障监察机构在维护劳动者合法权益、构建和谐劳动关系中的重要作用，根据《福建省工会劳动法律监督条例》的相关规定，现就工会劳动法律监督与劳动保障监察执法联动工作规范如下：

一、关于发放《工会劳动法律监督提示函》（以下简称提示函）。工会认为用人单位可能违反劳动法律法规的，给予口头提示，开展沟通协商，必要时可发出提示函。

二、关于发放《工会劳动法律监督意见书》（以下简称意见书）。工会经过现场调查，认为用人单位存在违反劳动法律法规、侵害职工合法权益行为，协商解决不成的，应及时向上一级工会报告，由上一级工会根据实际情况向用人单位发出意见书，提出整改意见。用人单位应当在收到意见书之日起15个工作日内说明办理情况，认为工会劳动法律监督意见不适当的，应当书面说明理由。

三、关于发放《工会劳动法律监督建议书》（以下简称建议书）。用人单位收到意见书后，未在15个工作日内答复，或者无正当理由拒不改正的，行业工会、基层工会应当及时提请地方总工会向同级人社部门发出建议书，并移交相关文书及证据材料。

四、关于劳动保障监察执法联动。人社部门收到同级地方总工会建议书后，应当作出是否立案决定，并在作出决定之日起5个工作日内书面告知地方总工会。案件办结后15个工作日内书面反馈地方总工会。劳动保障监察机构调查处理案件需要工会参与配合的，工会应当积极参加。

五、对阻挠工会开展劳动法律监督检查、拒绝工会劳动法律监督员进入用人单位调查取证，伪造、隐匿、毁灭或者拒绝提供资料，或者对工会劳动法律监督员和举报人打击报复的，地方总工会可以提请同级人社部门责令改正。

六、建立台账。提示函、意见书、建议书一式两份，一份发出、一份留存；《工会劳动法律监督意见书签收单》一式一份，由发放单位留存。

附件：1. 工会劳动法律监督提示函（略）

2. 工会劳动法律监督意见书（略）

3. 工会劳动法律监督建议书（略）

4. 工会劳动法律监督意见书签收单

附件4

工会劳动法律监督意见书签收单

________工劳监意字〔　　〕______号工会劳动法律监督意见书已送达你单位，请签收。

用人单位签收：

年　　月　　日

如用人单位拒绝签收，由监督员注明理由：________________________

____

监督员（签名）：________

______年____月____日

关于开展全省工会劳动法律监督员网络培训的通知

各设区市和平潭综合实验区总工会权益保障部门：

根据《福建省工会劳动法律监督条例》规定，工会劳动法律监督员应当经过县级以上地方总工会培训、考核，并取得《工会劳动法律监督员证》。为满足工会劳动法律监督员培训需求，拓宽监督员培训渠道，提高工会劳动法律监督员的依法履职能力，经研究决定，在全省推行工会劳动法律监督员网络培训。现将有关事项通知如下：

一、培训范围

各级工会劳动法律监督员在任职前需按要求进行网络培训。网络课程同时向全省职工及各级工会干部开放。

二、培训内容

培训课程	授课教师	课时	备注
1. 成为优秀的工会劳动法律监督员	胡玉浪	1	必修
2. 《福建省工会劳动法律监督条例》导读	黄进喜	1	必修
3. 工会劳动法律监督内容（一）至（五）	张照东	5	必修

续表

培训课程	授课教师	课时	备注
4. 工会劳动法律监督内容（六）集体合同制度和职工代表大会制度	林　玲 黄　峰	1	必修
5. 工会劳动法律监督实务（一）监督组织建设	纪荣凯	1	必修
6. 工会劳动法律监督实务（二）监督的主要方式和程序	叶坚剑	1	必修
7. 劳动争议案例处理（一）“中彩金”工会法律援助实务	黄家焱	1	选修
8. 劳动争议案例处理（二）职工群体性维权案件事务处理	张本钟	1	选修

三、培训时间

网络课程学习系统自 2020 年 11 月 17 日起开放。网络考试系统和管理员系统自 12 月 1 日起开放。

四、培训要求

（一）学习要求

培训通过“闽工干校”App 进行，共 12 个课时，学员在线学习 10 个课时以上方可进行网络考试。

（二）考试要求

网络考试为 100 分制，合格线为 60 分。每位学员有 3 次考试机会。3 次考试均不合格者，一个月后方可向管理员申请新一轮考试机会。

（三）证书申领要求

通过网络考试的学员，具备领取《工会劳动法律监督员证》资格。用人单位向当地总工会申领《工会劳动法律监督员证》时，应提交拟聘人员的在线学习时长及线上考试合格截图，或福建省总工会干部培训学校工会干部培训证书。

（四）管理要求

1. 各地方总工会要加强工会劳动法律监督员的教学组织工作。网络培训课程的管理端口以分派账号的形式开放至县区（管理员账号密码见附件1），每个县区需指定一名管理员，负责审核、汇总等事宜。

2. 为方便联系，请各设区市和平潭综合实验区总工会于11月30日前将各地管理人员名单（见附件2）汇总后报送至省总工会权益保障部。

3. 各管理员需根据《关于印发〈福建省工会劳动法律监督员证管理办法〉的通知》（闽工权益〔2018〕7号）要求，做好监督员证的发放、注销等管理工作，健全台账。

五、操作流程

（一）学员操作

1. 通过以下方式下载并安装“闽工干校”App

A. 通过扫描右侧二维码

B. 直接打开 http：// fjghgx. cn/app. html

C. App 市场里搜索“闽工干校”

2. 未注册的用户，通过手机号码注册新用户

3. 输入手机号码、密码登录 App

4. 未认证用户进行实名认证

A. 选择“我的”—“实名认证”，输入信息，提交管理平台，系统自动审核身份信息（审核时间约1分钟）

B. 管理平台审核通过后，“我的”—“实名认证”，显示状态为“已认证”

5. 打开“闽工干校”App，点击“网络课程”，浏览所有的网络课程列表

6. 选择要参加的“工会劳动法律监督员网络课程”进入，界面下方有【报名】按钮，点击后即可开始学习

7. 学习10个课程以上，点击界面下方有【考试】按钮，即可开始考试。考试合格之后即可领取福建省总工会干部培训学校工会干部培训证书

（二）管理员操作

1. 在电脑端打开浏览器，打开网址：http：//netclass. fjghgx. cn：8083/gh_ manage/main. jsp

2. 使用附件的账号密码登录到管理平台，初次使用请修改密码，提高账号的安全性

3. 在左边找到【考试查询】按钮，点击进入考试查询界面

4. 选中学员，点击【复试】按钮，即可重置学员考试

5. 点击【合格名单导出】按钮，可以将合格的名单导出Excel文件

六、其他事项

课程视频上传至百度网盘，在培训之余，学员可根据自身需求，通过扫描右侧二维码或网盘链接：https：//pan. baidu. com/s/1nT7T83a0QCGLZ1Am6L7B3A 提取码：6fgh 在线或下载观看。

通过网盘学习的时长不计入课时。